日本の経済発展を
どうとらえるか

【編著】坂根嘉弘
　　　　森良次

清文堂

はじめに

坂根　嘉弘

　本書は、2018年12月9日に広島大学東千田キャンパス(広島市)で行われた2018年度社会経済史学会中国四国部会広島大会シンポジウム「日本の経済発展をどうとらえるか」の記録である。
　本シンポジウムは、下記のプログラムで行われた。

テーマ「日本の経済発展をどうとらえるか」
　　　　　　　　　　　　　司会　勝部眞人(広島大学)
シンポジウムの開催趣旨(9:00-9:05)
　　　　　　　　　　　組織者　坂根嘉弘(広島修道大学)
第1報告(9:05-9:30)　製造業部門からみた日本の経済発展
　谷本雅之(東京大学)「複層的経済発展の論理―生産組織の選択の視点から」
第2報告(9:30-9:55)　金融・流通部門からみた日本の経済発展
　高槻泰郎(神戸大学)「日本経済の歴史と金融」
第3報告(9:55-10:20)　農業部門からみた日本の経済発展
　坂根嘉弘(広島修道大学)「日本伝統社会からみた日本の経済発展」
第4報告(10:20-10:45)　東アジアからみた日本の経済発展
　堀和生(京都大学名誉教授)「東アジアからみた日本の経済発展」
休憩(10:45-10:55)
コメント

コメント1（10:55-11:10）　西洋経済史から　森良次（広島大学）
　　コメント2（11:10-11:25）　日本経済史から　松本俊郎（放送大学岡山学習センター）
討論（11:25-12:30）

　このシンポジウムは、報告者のこれまでの研究成果を前提に、それぞれの専門分野を対象に「日本の経済発展をどうとらえるか」というテーマに即して論じていただく、というのが趣旨である。製造業部門からは谷本氏、金融部門からは高槻氏、東アジア経済からは堀氏にご報告をお願いすることができ、農業部門からは坂根が報告した。フロアのシンポ参加者には、必ずしも日本の近世近代を専門にしていない方も多くおられるので、他分野の方もこの報告を聞けば、それぞれの報告者が日本の経済発展に対して、どのような見方・考え方・とらえ方をしているのかがコンパクトに理解できるような、そういうシンポをめざした。当然ながら、報告者はそれぞれに分析対象も、時期も、問題関心も、分析手法も、最終的に描く経済発展像も異なっているので、これらを全体として何らかの形にまとめ上げることは意図していない。重点は、それぞれの論者が日本経済の発展をどのようにとらえているのか、従来の通説的な研究に対してその把握にどのような特徴があるのか、それぞれがどのように違い、どのように相対的に位置づくのか、このような点を広く理解していただければ、という思いで組織した。

　コメントは、西洋経済史から森氏、日本経済史から松本氏にお願いした。森・松本両氏には、事前に報告者の論稿を読んでいただき、的確なコメントをいただくことができた。必ずしも専門でない分野

のコメントをお願いすることになり、ご苦労をおかけしたと思う。お礼を申し上げたい。また、当日の討論では、多くの方々から意見を頂戴した。シンポジウムに参加された皆さんにもお礼を申し上げたい。

本書は、報告者4名の論稿に加え、コメントの2名並びに司会をお願いした勝部氏にも、本シンポのテーマに即して論稿をお願いした。年度末にあたり、卒論修論審査などでお忙しい時期に論稿を寄せていただいたことに感謝している。討論については、報告者に当日の討論を踏まえたリプライをまとめていただいた。合わせてご覧いただければと思う。

今回の広島大会は、広島大学を会場校として実施された。広島大学の森良次氏、大畑貴裕氏には、大会運営全般についてお世話をいただいた。社会経済史学会代表理事の馬場哲氏（東京大学）には、遠路・東京からご参加をいただいた。改めてお礼を申し上げる次第である。

　　＊報告者・発言者などの所属は、本大会シンポジウムが行われた時点
　　　の所属を示している。

日本の経済発展をどうとらえるか
目　次

はじめに ………………………………………… 坂根　嘉弘 i

第1章　複層的経済発展の論理
―生産組織の選択の視点から―
………………………………………… 谷本　雅之 1

1　はじめに　2
2　綿工業の二態：紡績業と織物業　5
　（1）機械制紡績業の定着　5
　（2）織物業における生産組織の多様性　9
　（3）労働供給と生産組織の選択　12
3　都市小経営の展開―男性労働と製造業―　16
　（1）東京市の場合　17
　（2）戦間期都市型中小工業の発展―玩具工業の事例―　20
　（3）輸出向け都市工業の歴史的位置　23
4　おわりに　29

第2章　日本経済の歴史と金融 ………… 高槻　泰郎 33
1　はじめに　34
2　近世期金融市場の量的拡大　36
3　近世期金融市場を支えた取引制度　44
4　大名経済の成長と金融市場　48
5　おわりに　57

第3章　日本伝統社会からみた近代日本の経済発展
………………………………… 坂根　嘉弘 65
1　本報告の視点　66

2 「家」制度による農業発展 70
　（1）「家」制度による増産誘因と取引の安定性 70
　（2）「家」に基づく経営の柔軟性 73
3 信頼関係と地主制 74
　（1）日本の「村」社会（信頼と協調） 74
　（2）日本地主制の成立 75
　（3）小作慣行と民法 77
　（4）小作立法と小作慣行 82
　（5）農地調整法と小作慣行 86
4 近代日本農業発展の論理 87
5 おわりに 90

第4章　東アジアからみた日本の経済発展
……………………………………………… 堀　　和生 97

1 はじめに 98
2 経済史研究の進展とマクロ的な知見 99
3 東アジアにおける近代農業 106
4 戦前期日本・台湾・朝鮮における工業発展 112
5 戦後経済発展類型への拡大 119
6 おわりに 126

第5章　西南ドイツの相続慣習と　　　　　　　　「居つきの工業化」
　　　―西洋経済史からのコメント―
……………………………………………… 森　　良次 131

1 はじめに 132

2　西ヨーロッパの相続慣習と西南ドイツの位置　133
　　（1）相続慣習・家族形態と資本制経済の発展　133
　　（2）均分相続と西南ドイツの「零細農問題」　135
　3　西南ドイツの農地制度と農工複合経営　137
　　（1）均分相続と農工複合経営の発展　137
　　（2）共有地と住民の社会的経済的均質性　141
　　（3）東アジア「小農経営発展」との異同　148
　4　編物産業にみる「居つきの工業化」　149
　　（1）編物産業の生産組織　149
　　（2）分工場制発展の論理　152
　5　コメント　154
　　（1）谷本報告へのコメント　154
　　（2）坂根報告へのコメント　155
　　（3）堀報告へのコメント　156
　　（4）高槻報告へのコメント　156

第6章　「満洲国」期の中国東北における
　　　　中小金属企業・機械器具企業
　　　　　―日本経済史からのコメント―

………………………………………………… 松本　俊郎　161

　1　全体について　162
　2　個別報告について　162
　　（1）谷本雅之報告について　162
　　（2）高槻泰郎報告について　164
　　（3）坂根嘉弘報告について　165
　　（4）堀和生報告について　166
　3　松本の実証的な問題提起　168

（1）1940年代の中国東北の中小企業　168
　（2）1940年代の鞍山の中小企業　170
　（3）体制を超えた継続性　174
　（4）中小経営が持っているダイナミックスと経済発展　181

補論1　「日本型勤勉」に関する覚え書き
　　　　　――司会コメントにかえて――　……　勝部　眞人　187
　1　はじめに　188
　2　農業の発展則と工業化　188
　3　社会類型と勤勉の形　193
　　（1）タテ社会とヨコ社会　194
　　（2）インテグラル型発展パターンとモジュラー型発展パターン　195
　4　むすびにかえて　196

補論2　討論者・フロアからの質問に答えて　…　199
　1　谷本雅之　200
　2　高槻泰郎　204
　3　坂根嘉弘　205
　4　堀和生　208

あとがき　……………………………………………　森　　良次　213

装幀／寺村隆史

第 1 章　複層的経済発展の論理
　　　　―生産組織の選択の視点から―

　　　　　　　　　　　　　　谷本　雅之（東京大学）

第1章　複層的経済発展の論理

1　はじめに

　本報告は、製造業部門に視点をおいて近代日本の経済発展を検討し、それが複層的経済発展として捉えられるべき特徴を備えていたことを示すことを課題としている[1]。

　近世前期、特に17世紀の鉱工業は、技術知識の海外からの移転（金銀銅の精錬、絹織物、磁器等）をベースに、領主層の投資（土木建設、鉱山）と消費（絹織物、陶磁器）、そして海外市場の出現（銅、陶磁器）によって、ダイナミックな展開を示した。しかしこれらの成長要因は、18世紀初めには縮小（海外市場と領主需要の縮小）ないしは失われている（「鎖国」＝外国人との接触制限による技術移転の途絶）。一方で都市から農村へと拡大する民間国内需要は、技術知識の普及による生産地域の拡散と結びつき、繊維・食品加工といった部門での産業化を促した。それは、飛躍的な生産性増大をもたらすような技術革新や、画期的な新製品を産み出してはいないが、生産地間の競争の中で製品を多様化しつつ、小農社会における農村工業の普及・拡大の形をとって展開した（谷本（2015）、（2017））。

　そうした状況の中で、開港そして明治維新の制度改革は、西欧産業技術との接触・導入が可能となったこと、輸出・輸入両面で海外市場との交流が急速に拡大したこと、そして集権的な政府（明治政

1）本報告の1-2節は、主として沢井・谷本（2016）第3章、3節は谷本（2002）（2005a）（2005b）、（2007）、（2013）に依拠している。同書と重なる叙述では、紙幅の関係から参照文献の注記を省略した部分があることをお断りしておく。詳細は左記文献を参照されたい。

表1 工業従事者の分布（1909年）

	工業計	非工場計	民間工場計	5-9人	1000人以上	官営工場計	1000人以上
男	2,030,600	1,630,586	307,139	66,275	30,537	92,875	81,466
女	1,306,500	788,618	493,498	42,141	80,742	24,384	23,528
計	3,337,100	2,419,204	800,637	108,416	111,279	117,259	104,994
女性比率	39.2	32.6	61.6	38.9	72.6	20.8	22.4
男	100.0	80.3	15.1	3.3	1.5	4.6	4.0
女	100.0	60.4	37.8	3.2	6.2	1.9	1.8
計	100.0	72.5	24.0	3.2	3.3	3.5	3.1

(出典）工場：農商務省『明治42年・工場統計総表』、同『第26次農商務統計表』。工業有業者：梅村他（1988）、205頁。

府）が「殖産興業」の名の下で産業育成政策に関与することとなった点で、製造業部門にとっては大きな画期であった。実際、日本の工業化過程において、欧米型の工場制工業形態の直接的な移植が試みられたことはよく知られている。先進工業国へのキャッチアップを重要な政策目標として成立した明治政府にとって、経済近代化とは欧米で展開している工場制工業を移植し、その定着を図ることとほぼ同義であった。

しかし、このような直接的な欧米型工場制工業の移植は、工業生産の発展のなかでどの程度の広がりをもっていたのだろうか。表1によれば、1909年の工業（＝製造業）有業者数は333.7万人であった。それに対して、官営工場および就業者5人以上の民間工場の従業数は92万人弱であるから、大雑把に言って工業有業者の70％余は、工場とはみなされないような、小規模な作業場を生産の現場としていることになる。その対極にある1,000人以上を雇用する大工場の従業者数は、民間・官営合わせて21.6万人、工業有業者の6.5％弱であった。

第1章　複層的経済発展の論理

　そしてこのような経営規模の大きく異なる経営体の同時存在は、日本の工業化過程を特徴づけるものとして、研究史上、幾多の論議がなされてきた論点であった。その背後には、後進・後発国が直面する「近代化」過程において、「伝統社会」と「近代社会」によって形成される「二重構造」への関心がある。もっとも開発経済学をベースとする狭義の「二重経済」モデルでは、伝統部門が農業部門と等値され、農工間関係として議論がなされることが通例であり、工業部門における経営主体の規模別格差は、明示的な論点にはなってこない。一方、経済史研究においても、資本と労働の集積した大工場を、工業発展の推進力として重視する立場—マルクス主義に立脚する資本主義発達史も、いわゆる近代化論的なアプローチもこの点では共通している—からは、考察すべき問題は大経営の発展、ないしはそこに至る道筋であり、「中小経営」の存在は、駆逐されるべき「後進」的な生産者の、過渡的な残存と捉えられる。しかし歴史的な事実として、それらの経営が工業化の進展の中で必ずしも速やかに減少していかないということは、「中小経営」の存在を単なる「残存」とする見方が不十分であることを示しているのではないか。

　このような発想から産み出された有力な見解の一つが、「中小経営」は大経営のもとに再編成されている、とする議論であった。そこでは「中小経営」は、大経営の発展のために利用される存在として捉えられており、そのため後者の発展が直ちに前者の減少に繋がらないのである。その一方で、多様な規模の経営体を含む傾斜構造を有する日本経済の成長動態を理解するには「在来的要素」の追求が必要とする発想が提起され、第一次世界大戦期までの日本の工業化過程の特徴を「在来産業」と「近代産業」の均衡的な成長とみな

し、それが戦間期には不均衡成長に転換したとする見解も現れている（中村（1971））。

以下、本報告では製造業の多様な規模の事業体と生産現場の並存を、生産組織の選択として捉える視角を導入し、いかなる生産技術と製品市場および生産要素市場の結びつきが、多様な経営体の持続的な展開を根拠づけていたのかを、明治の製造業の展開を主導した綿工業、および戦間期以降の都市化の中で成長する中小工業を事例に論ずる。その作業を通じて、複層的経済発展の視角から製造業の展開をとらえることが、日本の経済発展の理解に資することを示したい。

2　綿工業の二態：紡績業と織物業

（1）機械制紡績業の定着

農村工業の形で近世後期以来生産を伸ばしていた在来綿織物業は、1859年の開港—自由貿易の開始—によって、「産業革命」を経たイギリス（および植民地インド）綿工業と対峙した。機械制工場で作られたこれらの輸入綿布が「高品質と相対的低価格を武器に日本市場を席巻し、手工業段階の日本綿工業に大きな打撃を与える」とするのが経済史の伝統的な解釈であり、事実、手紡糸（綿糸）生産は明らかに衰退し、本格的な輸入代替は、後述の機械制紡績工場の登場を待つことになった。

しかし綿織物業に関しては、事態はそう単純ではない。中村哲の推計によれば、1874年時点で国内綿布需要に占める輸入綿布の割合

第1章　複層的経済発展の論理

は約40％に達していたが、その後この水準を上回ることはない（中村（1968））。綿布輸入が停滞する中で、国内生産が増大したからである。それを担ったのは、農村工業の系譜を引く在来綿織物生産地であった。織布生産を担当していたのは農家内の女性労働力であり、織布作業は農家の副業として位置づけられている。織機は手動の高機であった。すなわち、機械制工場産のイギリス綿布の輸入代替が、小農経営に基盤を置いた手工業的な生産方式によってなされていたのである。

　それが可能となった要因については、様々に議論されてきた。生産コストの差異を重視する議論に対して、市場競争の前提となるイギリス産綿布と日本産綿布の代替性如何も注目されている。詳細はここでは立ち入らないが、新たな中間財たる機械製紡績糸の導入が鍵であったことは確かである。輸入綿糸から始まり、1880年代後半からの機械制紡績業の勃興以降は、国産の紡績糸が原料糸となって、綿布生産のコストダウンが進んだ。別言するならば、1870年代には綿織物産地を需要者とする広範な国内綿糸市場が形成されていたのであり、この綿糸市場の存在を前提に、そこでの輸入代替を目指したのが、日本国内における機械制紡績企業の設立であった。

　その動きは1870年代後半から80年代にかけて盛んとなっていく[2]。当初簇生したのは、イギリス製の紡績機械1台（2000錘）を備え付けた作業場で、官営の広島、三重の2紡績所に加えて、個人出資ないしは数人から多人数の共同出資を基盤に、全国各地に合計17か所（官営の2工場を含む）のこのタイプの紡績所（2000錘紡と呼ばれる）

2）以下、機械制紡績業については主として高村（1971）および中岡（2006）に依拠している。

が設立されている。しかしこれらの工場は、輸入紡績機械代金支払いに関する政府助成を受けていたにもかかわらず、経営的には成功しなかった。その原因として、規模の過小性、水車利用の不安定性、紡績技術者の不在、イギリス紡績機械と短繊維である国産綿花との適合性などの諸点が指摘されている。

それはすなわち、機械制紡績業の定着には、単に機械を導入するだけではなく、世界レベルで標準的な生産方式がセットとして移植される必要があったということである。同時期に操業を開始し、その経営的成功から明治の紡績業史を主導するビジネス・モデルを示すことになる大阪紡績会社（1882年会社創立、1883年操業開始）は、10,500錘による設立に加え、速やかな増錘によって、開業数年で数万錘の生産規模を実現した。動力源として蒸気機関を設置し、一定の知識・経験をもった日本人技術者も備えている。使用する原料綿花も、日本綿から中国綿、さらにインド綿花へと、長繊維化の方向へ進んだ。大阪紡は、日本で世界標準の要件を備えた初めての機械制紡績工場であり、それに追随する紡績企業の勃興を経て、1890年代半ばには、国産綿糸による国内市場の輸入代替が達成されたのである。

このビジネス・モデルの成否は、資本コストの高い日本において、直輸入型の機械に体現された技術の経済性をいかにして発揮するかであった。それは、相対的に安価な労働力をどのように生かしきるか、という問題でもあった。深夜業を行い、24時間操業による期間当り生産量の増大を図る昼夜二交代制の採用は、その重要な手段であり、大阪紡では操業の年から導入されている。製品が順調に販売されるならば、投下された資本の回転率が高まり、投下資本に対する収益率は増大する。固定設備への資本投下の大きい紡績業にとっ

て、労務コストの上昇——深夜割増賃金の支給や労働能率の低下——を考慮しても、昼夜二交代制の経営的な意味は大きかったのである。1911年の工場法制定に際して、女性深夜業禁止に紡績業界が強硬に抵抗し、事実上20年間の適用延期（5年後の法律施行と15年間の深夜業禁止の猶予）を勝ち取るまでに至る背後には、この資本コストの問題が横たわっていた。

　資本回転率を高めるには、機械の運転が円滑に行われ、工場の操業が安定することも不可欠の条件である。その技術面での対処には、技術知識を備えた人材の確保がポイントとなった。大阪紡の場合は、イギリスのマンチェスターの紡績工場に滞在経験のあった山辺丈夫の存在が指摘されている。1880年代後半には、採用した工部大学校卒の工学技術者にイギリスで技術研修を施して技術者の長に据える事例が現れてきた。もっとも1887年に平野紡績に招かれた工部大学校卒の菊池恭三が89年に尼崎紡績、90年に摂津紡績の技術部門の長を兼任したことに象徴されるように、日本人の工学技術者は希少な存在であった。日本の高等教育機関で当初から工学系技術者教育が課題となったのは、技術移転にともなう技術者需要を背景としている。

　一般に豊富とされる労働力に関しても、その調達と動員の方法には進化がみられる。大阪市域に隣接する西成郡三軒家村に工場を設立した大阪紡績は、当初は都市下層に滞留する労働力の相対的低賃金を享受しえた。しかし80年代後半からの阪神地帯における機械制紡績の相次ぐ創業は、都市下層の労働力の枯渇を招いた。そこで採られたのが、遠隔地の農村地帯からの労働力調達である。おもに農家下層の若年女性が募集人を介して集められ、工場に隣接する寄宿舎に起居することとなった。深夜業を伴う紡績労働の出勤管理には、

このような形態が適合的であったともいえる。

1890年代前半に急速に進んだミュール紡績機からリング紡績機への転換も、作業の熟練度を下げ、低賃金労働力の利用可能性を広げた点で、紡績企業の経営発展に寄与した。太糸を主たる製品とする日本紡績業の生産性向上に資する技術選択であるとともに、紡績工場の女工比率が、1889年の68％から98年には77％にまで上昇している点が特徴的であった。その労働力構成が、男性の「ミュール熟練工」が大きな位置を占めるイギリス紡績工場とは大きく異なるものになっていた[3]。紡績会社の労務管理は、以後おしなべて、若年女性労働力の重用、遠隔地募集と寄宿舎での労務・生活管理の方向に動いていく。欧米モデルの忠実な移植の範囲内で、労働コストの相対的低位に競争力の源泉を求める企業経営の志向性は、ここに明瞭に表れていた。

（2）織物業における生産組織の多様性

これに対して、綿織物業の生産組織は多様性を維持していた。明治後期には、織物業でも輸入力織機を装備した綿織物工場（おもに紡績会社の兼営）が出現するが、朝鮮・中国向けの広幅白木綿（金巾・粗布）の生産にとどまっており、生産量でも在来綿織物生産地を上回るものではなかった。実際、織物業の従業者は76万人を数え、8万人内外の紡績工場労働者を大きく上回っていたし、そのうち60万人以上は、職工5人未満作業場での就業者であったから、工場以

3）リング紡績機を太糸生産に効率的に用いるには、原料綿を混綿によって調整する必要があり、そこにも大きな労働力の投下が求められた（Otsuka et.al.（1988））。

第1章　複層的経済発展の論理

外の生産形態が、少なくとも就業構造の面では大きな位置を占めていた。その多くが「賃織」とよばれる農家世帯女性の就業であり、それを編成し、織物を作り上げていたのが織元であった。産業経営方法として「問屋制」（putting-out）の形態をとり、かつ、その労働力基盤を「家内工業」（農家内女性労働力）に置いた点が、1880年代から第一次大戦期までの在来綿織物業の特徴である。この問屋制家内工業形態の採用は、在来綿織物業における一定の進化を意味していた。

　問屋制は、近代工業の形成に先立つ工業—プロト工業—の典型的な生産組織とされることが多い。確かに江戸時代後期の綿織物業生産地でもその存在を確認することができる。しかし近年の研究によれば、日本の綿織物業でこの形態が広く普及したのは、1880年代以降のことであった。入間(いるま)地方（現・埼玉県）の綿織物業[4]でも、農家副業によって生産された織物を農村在住の仲買商が買い集め、それを集散地の問屋商人に売りさばく形態—買入制—が、明治初年代（1870年代）まで主流であった。しかし1880年代に入り、仲買商の中から織元への転換を図るものが現れてくる。農家が織り上げた織物を集荷するだけではなく、原料供給と製品集荷を結合させる方式、すなわち町場の綿糸商から紡績糸（当初は輸入綿糸、のちに国産機械制紡績糸）を買い入れ、染物屋で染色加工したのち経糸を整経し、染色済の緯糸とともに農家—賃織—に渡す方式が広く採用されていくのである。

　このような転換を促したのは、製品市場における競争であった。高価な輸入力織機によるコストダウンが現実的ではない状況の中、

4）入間地方の織物業に関する史実は谷本（1998）、第Ⅱ部による。

市場競争に打ち勝つには、品質面で競争力のある製品の供給が不可欠となる。その局面において、原料糸供給を基盤とする問屋制は、統一した原料糸の使用を通じて製品品質の向上を促す。さらに市場情報への接触がより密接な織元が、染色、整経済の原料糸供給を通じて売れ筋製品の企画・発注・集荷を行うことで、需要の高度化によって要請される風合いやデザインをめぐる競争に敏速に対処することを可能とした。問屋制は、明らかに新たな市場条件への対応として導入・定着した生産組織だったのである。

では、問屋制のもとで、織元─賃織関係はどのようなものだったのか。農家副業であることから生じる問題は、生産の季節性である。入間地方の場合、麦作、製茶および養蚕（春蚕）が重なる農作業の最繁忙期であった5・6月から夏にかけては、製織労働への労働供給が大幅に減少していた。他方、織物需要側は入間地方産の織物を冬用として受け入れており、そのために出荷は秋に集中する。このことは、製品需要と労働供給に時間的なズレが存在していたことを示している。労働供給側の制約によって、最適な生産時期─販売繁忙期を控えた春から夏─に製織作業をおこなうことが、困難だったのである。在庫費用を負担してでもあらかじめ農閑期に製織を発注し、このズレを埋める主体となったのが織元であった。その存在なくしては、農家副業と織物需要とが結びつくことはない。問屋制の採用とその存続は、製品市場と労働市場双方の要請に対する織元の適応行動であったといえよう。こうした織元の経営は、地域の核となる町場に集積する原料・製品商人や染色業者、金融機関や同業組合、実業教育機関の活動によって支えられていく。それは、生産の地理的な集中一般とは区別される、「産地」形成の過程であった。小農経営と商人の結合に担われた綿織物業は、「産地」の形成・発

第1章　複層的経済発展の論理

展に支えられ、機械制工場化とは区別される経済発展の途を辿っていたのである。

（3）労働供給と生産組織の選択

　この入間綿織物業の展開過程は、近代日本の労働供給構造の特徴をよく表している。表2は1900年頃の大阪府南部（和泉地方）の農村で1町前後の経営面積を有する小自作（小作面積が自作面積より広い）農家および自作農家の家族労働力の配分を示したものである。

　見られるように、双方ともに戸主（世帯主）が農業経営の中心的な担い手であったが、それだけでは農業経営はなりたたなかった。小自作の場合には、農繁期（二季）の労働需要をまかなうために「妻」と「老母」を動員している。およそ2倍の経営面積をもつ自作農経営の場合には、「妻」（32歳）とともに、弟（24歳）の存在が重要であった。農繁期に臨時雇も用いられているが、家族に比してその位置づけは低い。経営主としての戸主の存在とともに、女性を含む家族労働の動員可能性が、この両家の農業経営の要諦であったことがまず確認される。

　農業に専念する男性戸主や戸主の弟に対して、妻は農業とともに家内副業としての製織作業（賃織就業）に従事し、また家事労働も負担していた。農業以外の労働については、戸主を除く家族構成員間の分担関係も注目される。小自作の場合、妻は製織作業の担い手であったが、農繁期には製織労働への労働投入が減少した。しかし「老母」の存在によって農業労働を免除された「娘」は、家事労働以外の労働時間をすべて製織労働に費やすことができた。家事労働においても、比重の重い「炊事」を「老母」が担当することによっ

2 綿工業の二態：紡績業と織物業

表2 織物農家（大阪府和泉地方）の世帯内労働配分

15番 泉北（小自作・1901年）

耕作面積(反)	6.493反			
〈労働配分〉	農業	家事	機織	その他
老父(75)			△(糸巻)	
老母(59)	△(二季)	○(炊事・裁縫・洗濯)		
主人(38)	○			△
妻(35)	△(二季)	△(裁縫・洗濯)	○	
娘(14)		△(裁縫・洗濯)	○	
息子(11)		△(子守)		
息子(9)				
娘(5)				
娘(3)				
労働量	239.4人		540日	
生産木綿反数			2160反	

16番 泉南（自作・1899年）

耕作面積(反)	12.91反			
〈労働配分〉	農業	家事	木綿	その他
老父(71)				
老母(58)		○(炊事・雑事全般)	△	
主人(38)	○			△
妻(32)	○	△(裁縫・洗濯)	△	
弟(24)				
息子(4)				
常雇(女13)		○(子守・家事手伝)		
臨時雇(男)	△(二季)			
労働量	411人		200日	
生産木綿反数			800反	

(出典)「農家経済調査書」(和泉文化研究会編『和泉史料叢書・農事調査書』1968年)。
(注) 労働配分のカッコ内は年齢。○は主として従事、△は原則として主業のかたわらに従事することを示す。

て、「妻」「娘」の分担は軽減されている。さらに「老父」を糸巻き労働に動員し、11歳の息子にも家事労働の一部（子守）が割り当てられている。このように、単独では労働力化が困難な老年ないしは幼年の労働力が、それに適合的な家事労働や補助的労働に動員されていたのであり、そこで産み出された余力が、この世帯の製織労働への労働投入を増加させたのである。一方、娘のいない自作農家では、老母も製織に携わるとともに、家事労働の担い手として若年女性（13歳）を雇入れていた。それが妻をして、農業への労働投入を可能としていたといえる。

　以上から、農家の労働力供給の論理を考えてみよう。農家の必要農業労働量と世帯構成員との不整合は、世帯内に燃焼度の低い労働力を発生させるが、その度合いは、必ずしも放出可能な一人分の労働力に一致するとは限らない。季節的な労働需要の変動も、恒常的な過剰労働力の発生には制約となる。また家事労働にみられるような、非定型の世帯内労働需要の存在は、過剰労働力が世帯内に存在したとしても、それを定型的、定量的な労働需要に振り向けることを、ロスの大きいものにしていると考えられる。このような制約下にあって、世帯内での労働需要を調整しているのが、特に女性による世帯内での"多就業"であった。近代日本の小農世帯は、世帯内での家族労働の戦略的配分を基軸に、雇用労働を補完的に加える事で、農業経営と農家世帯の存続・再生産を図っていたのである。

　以上の認識は、農家内からの労働力の排出を考える上でも有益である。農商務省『職工事情』は、「賃織ヲ織ル方工女トナリ長キ羈束セラルヽヨリ利益アリ」（1）、「加之其土地ニ在リテ機織工女ト云ヘハ一般ニ卑下サルヽノ風アリ」（2）（農商務省『職工事情・上』1903年刊、岩波文庫版、178頁）と報告している。（1）のように拘束

の少ない就業形態が選好されているのは、前述の理解と整合的であるが、さらにそれが（2）にあるように機織工女への「卑下」に結びつくのは、賃織就業を選好する実態的な基盤が、農家経営としての充実にあったことを反映している。先の表2にあるように、賃織には若干の貸付地を有し「女中」を雇用する自作農家も携わっていたのに対して、織物工場については「今日ニ於テハ土地ノ者ニテ工女トナルモノハ極貧者ノ子女ニ限レルモノヽ如シ」（同上）と評されていた。

　紡績、製糸工場の労働力が、所得水準の低い零細農家を供給源としていたことは、これまでの研究史においても、豊富な事例とともに指摘される事実であった。女性労働の非農林業への供給は、農家世帯への労働需要の取り込みが第一であり、それを成し得ない農家世帯が、外部市場へと女性家族を排出していた。他世帯への「女中奉公」（家事使用人としての就業）は、その有力な就業先であったが、そこに新たに加わったのが工場労働であった。

　先の表1によれば、1909年の5人以上を雇用する民間工場の労働力は女性が過半数を大きく上回る50万人弱に達し、1000人以上の大規模工場ではその4分の3は女性であった。紡績工場の女性労働者の大半が、20歳代前半までの年齢層に集中していたことは『職工事情』に示されている。すなわち、大規模工場就業は女性のライフコースを構成しうる一要素であるが、そこでの就業期間は数年にとどまっていたのであり、その先に、多就業によって小農経営を支える「妻」「嫁」の役割への回帰を予定することは、ライフコース上の現実的な見通しであった。

　このように、明治期のリーディング・インダストリーとしての綿紡績業と綿織物業は、労働力供給の面で農家経営の労働力配分戦略

第1章　複層的経済発展の論理

と、そこに組み込まれた女性のライフ・コースに規定されており、共通の基盤の上にあったといえる。そこでの生産組織の相違は、市場競争力を有する製品生産の可能性との兼ね合いで決まっていたのであり、紡績業における工場生産の選択は、紡績機械に体現される技術導入が不可欠であったことに根差していた。一方で機械による規定性が紡績とは異なる織物業においては、むしろ農家の労働力配分戦略上の志向性が、生産組織の選択を決定づけていたのである。

3　都市小経営の展開―男性労働と製造業―

日露戦後期から第一次世界大戦期を経る中で、日本の製造業部門における繊維産業以外の比重は増大し、その中で男性工業労働力の比重も高まっていく。男性労働の場合、非農業への就業は出身農家からの離脱を基本としていたから、綿工業で見たような農家の労働配分戦略を規定的な要素として論ずることは、当を得たものとはいえなくなる。しかしそこでの就業機会においても、近代的な工場部門の比重は限定されたものであったことが指摘されねばならない。たとえば、非農業人口の集積が進む東京市において、1908年（明治41）の東京市内の男性製造業就業者の7割程は、雇用労働5人未満の作業場の就業者（経営主または被雇用者）と見積もられる（東京市『東京市市勢統計原表』）。先の表1のもととなる『工場統計表』によっても、民間工場の男性労働者は、相対的に規模の小さい工場に偏在していたことが分かる（5人以上30人未満工場にほぼ半数）。

官営の軍工廠等を考慮すれば、大規模機械工場の男性労働者比率はもう少し高まるが、それにしても、工業発展が工場規模の拡大を

もたらし、そこに中核的男性労働者が集積するという図式は、日本の工業化の現実を広く反映したものではなかった。では男性労働の集積する製造業部門は、どのような展開の論理を内包していたのであろうか。以下ではこの問いの答えを、20世紀前半の東京市における都市「小経営」の存在形態の検討を通じて探っていこう。

（1）東京市の場合

　戦間期の東京の工業に関する最も包括的な調査報告である東京市役所『工業調査書』（調査1932年・刊行1934年）は、工場の規模を資本金で判別し、資本規模別の集計表を掲載している。資本金2000円以上5000円未満の平均従業者数が4.39人で、そのうち平均被雇用者数は2.90人であったから、この階層以下に属する工場・作業場を、全体として「小工業」にあたると考えることができる。そしてこの「小工業」（＝資本金5000円未満の「工場」）が工場数で85％以上、従業者数でもほぼ半数を占めていた。そこでの労働力構成は、家族労働力（業主を含む）と雇用労働力から成り立っており、基幹となる男性家族労働力は、小工業の範囲にある階層では、いずれも1経営当たり平均1人以上がカウントされていた。業主以外の家族労働としては、規模を問わず0.3人前後を記録する女性家族員の比重が高い。業主の女性配偶者の労働参加が想定されよう。これに対して、雇用労働は資本規模の拡大に伴って増大した。零細層では家族労働力のみの経営が多いが、2000円以上層では平均3人弱の労働力が雇用されている。

　雇用労働の構成では、まず、男性比率が家族労働にも増して高く、資本金500円未満層を除けば90％を大きく上回っていたことが指摘

できる。小工業は、まずもって男性労働の就業の場であった。さらに通常、現業労働の担当者を表す「職工」も、雇用労働全体の半数に満たない点が注目される。最大部分を占めていたのは「徒弟」であった。その比率は規模が小さいほど高かったが、2000円以上層でも、平均1人強の「職工」に対して、「徒弟」は平均1.5人が雇用されていた。他方、資本金5000円を超える経営では、職工数が徒弟数を大きく上回るようになり、最上層では徒弟はネグリジブルなものとなる。すなわち、徒弟比率の高さは小工業の特徴であり、事実、徒弟全体の4分の3が5000円未満の経営内に存在していたのである。小工業の労働力構成の特徴は、家族労働（業主を含む）に男性中心の職工、「徒弟」が組み合わされていたことにあるといえよう。

　東京市『小工業調査書』（調査1935年・刊行1937年、対象は品川・豊島・荒川・城東の4区）のデータによれば、全体で最も人数の多い「徒弟」は10歳代に集中し、この年代の労働力の4分の3を占めていた。さらに20歳代の徒弟の減少を職工の増加が補えていないため、10歳代が労働力構成の最大となっている。逆に30歳代以降は業主を含む家族労働が全体の8割を超えていた。このことは、徒弟―職工―家族（業主）の組み合わせの背後に存在する、加齢に伴う「従業上の地位」変更運動を窺わせるものである。では「徒弟」とはどのような存在として位置づけられるだろうか。

　東京市『問屋制小工業調査』（調査1936年・刊行1937年）によれば、玩具、帽子から自転車にいたるすべての対象業種（26）において、45％以上の経営が2年を上回る練習期間の必要性を指摘していた。5年を上回る期間を挙げた経営が40％を超えている業種も6あった。これを同年の「内職」に関する調査結果（東京市役所『東京市・内職調査』1936年刊行）と比較するならば、その差は歴然としている。

3 都市小経営の展開

内職仕事の50％は無経験でも作業可能であり、25％は、せいぜい1か月の練習期間で足りた。

「小工業」の特徴の一つは、この内職作業とは異なり、一定程度の技能習得を要請されたことにあった。そこに、「職工」とは区別される「徒弟」概念が成立する根拠がある。この時期の小工業に、制度化された徒弟制度—徒弟年限や入職制限の存在—が機能していたわけではない。経営側からみれば、若年労働力の低賃金での利用という意図も否定できないだろう。しかし上記の「練習期間」の存在は、少なくとも新規労働力が標準的な作業効率を実現しうる技能を身につけるまで、一定の期間を要したことを示している。「徒弟」となる側にも、それが技能形成の機会であるとの認識は存在していた。1930年代後半の一調査によれば、就職して「徒弟」となる理由に「業務収得」を挙げる者が、全体の過半を占めていた（東京府学務部職業課『中小工場の経営事情と徒弟の労働事情調査　第二部』1939年刊行）。10歳代での「徒弟」修行をへて一人前の「職工」となる道筋が、「小工業」を場として一定程度成立していたのである。

ではこれら「小工業」の経営成果はどのようなものだったのか。小工業において業主も基幹的な労働力であったから、工場・作業場当りの収益は、理念的には経営利潤と業主を中心とした家族労働力への労働報酬の合計値にあたる。それを業主世帯の核所得とみなし、雇用労働賃金と比較するならば、資本金2000円以上層では最も賃金水準の高い機械器具の資本金10万円以上工場（平均雇用労働者数で63人余）、および機械・金属・化学の資本金50万円以上工場（平均雇用労働者数は順に167、429、183人余）の賃金を上回っていたことが分かる。工場収益は家賃支払を差し引かれた後の数値であるから、可処分所得の比較では、工場収益の評価はさらに高くなる。

第1章　複層的経済発展の論理

　たしかに工場収益は個別経営による分散が大きいから、すべての工場経営主が同水準の収益を挙げられたわけではない。しかし小工業の期待収益が経営主として参入を促すに足る水準にあったのであれば、大規模工場に比して低生産性部門といえども、経営の存続、さらには新たな参入がなされることは合理的だった。以下で見る玩具工業の輸出志向型発展は、この労働力基盤の上に成り立っていた。

（２）戦間期都市型中小工業の発展
―玩具工業の事例―

　戦間期東京の玩具生産は、木や紙を素材とする伝統産業の延長ではなく、セルロイド・ゴム・金属といった新しい素材を用いる新興産業の性質をもっていた。この三種の玩具は、いずれも東京の全国シェアが高く、東京は新興玩具の一大産地であったといってよい。生産額は、第一次世界大戦期の急増ののち1920年代は停滞的に推移するが、1932年頃から再び急成長をとげている。この軌跡は東京の工業生産動向とほぼ並行しており、かつ1930年代の伸びは全国工業生産額の推移を上回っていた。その市場的な基盤は北米および欧州向けを中心とする輸出の伸張であり、ドイツを筆頭とする欧米玩具産業に対抗し、欧米市場において競争力を獲得したことが、戦間期の玩具生産発展を可能としていた。玩具生産の強い国際競争力を生み出したのが、以下で見る小規模製造業者を基盤とする分散型の生産組織であった。

　東京府の1939年の統計（『東京府統計書』）によれば、金属玩具では従業者の40％は５人未満の作業場で働き、生産額の30％はそれらの作業場の製品が占めている。金属玩具以外では、５人未満作業場

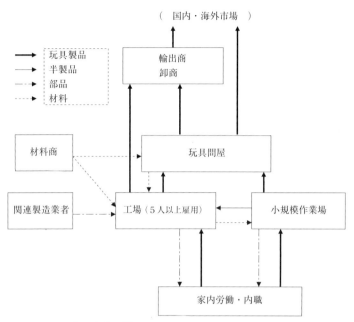

図1　玩具工業の生産組織（概念図）

は従業者数で71％、生産額で55％を占めていた。1930年代には、比較的規模の大きい玩具工場の設立がなされたにもかかわらず、依然として全体では小規模経営が優勢なのである。このように玩具工業は、小経営を基盤とする産業の典型事例であった点がまず指摘される。それは、1927年の工場当たり平均雇用者数が37.1人となるアメリカ玩具工業とも、大きく異なる生産のあり方であった[5]。

　図1に、戦間期東京の玩具生産の概念図を示した。問屋を中心と

---

5) 工場数は397、「職工平均数」は14,739人である（商工省貿易局『内外市場ニ於ケル本邦輸出玩具ノ取引状況』下巻、1931年7月、233頁）。

第1章　複層的経済発展の論理

した生産組織の態様は、低賃金を武器にした、問屋制による「苦汗労働（Sweat shop）」の編成のようにも見える。しかし、同図のポイントは、ここでの「玩具問屋」、「工場」、「作業場」の関係が問屋を頂点とする垂直的な関係のみでは捉えられないことにあった。たしかに「家内生産」は典型的な非熟練労働の分野であり、発注者は「低賃金基盤」を利用している面が強い。しかし、特許局や同業者団体への意匠登録の記録からは、小規模作業場においても一定の技能をもち、それをもとに独自の製品開発の「潜在的」な能力を備えているケースが多く、問屋から発注される作業の受託者ばかりであったわけではないことが判明する。

「玩具問屋」、「工場」、「作業場」の三者の関係は、補完と分業の関係であるとともに、同一市場における潜在的な競争者の関係でもあった。活発な「新製品」開発は、この構造に促されたものであった。それを可能としたのが、「徒弟」による技能習得の機会であり、かつ、「独立」開業による「業主」としての立場が、その能力発揮を強く促した（あるいは必要とした）。これらが相俟って、玩具産業の発展を支えるダイナミズムが産み出されていたのである。

いわゆる「集積の利益」が、そのダイナミズムを支えた。新興玩具の生産は東京に集中しただけでなく、東京内においても地理的な集中・集積が著しい。その集積の利点は、3つの局面があったと考えられる。第1が同業者の集積である。そこでは相互の密なコミュニケーションによって、市場情報、技術情報の獲得が容易となるし、相互の分業による利益も期待される。分業は、また、参入障壁を低め、ダイナミズムを支える小経営の創生を容易とする効果も考えられる。第2は、補完的な業者の存在である。玩具生産は、機械、金属業者の集積地に接するか、またはその只中に立地しており、小規

模生産者自身では生産の容易でない部品や、製品開発に不可欠な「型」の供給を受けることができた。第３は素材を同じくする異業種の集積である。実際、セルロイド玩具業者の立地した地域には、他のセルロイド製品の生産者も数多く存在した。この技術基盤を共有しつつ、別市場を対象とする産業の存在は、流行品としての玩具市場の不安定性を前提とするとき、製造業者にとって一種の安定装置として機能した可能性がある。後者２つの同業者を越えた集積の存在は、都市固有の特徴ともみられるから、都市環境がこのダイナミズムを機能させる基盤となったともいえよう。

しかし、集積は逆に「不利益」をもたらす面があることにも留意しなくてはならない。玩具生産にとって大きな問題となった「模造品」の流通は、情報流通の密度の濃い同業者の集積によって容易となる面があり、それが開発者に与える打撃をより大きなものとする。そして、社会関係の相対的に稀薄な都市部では、モラル・ハザードの発生を抑制する社会的な圧力も形成しにくかった。それを埋め合わせる試みが、特許局の知的財産権保護制度、法的強制力を背景とした工業組合による製品検査とそれに担保された意匠登録の実施であったといえよう。「集積の不利益」を管理することは、「都市化」の利益を実現するために不可欠であり、それをまがりなりにも実現したことが、大都市東京における産業発展の基盤となっていたのである。

（３）輸出向け都市工業の歴史的位置

そして、この戦間期の玩具工業の発展は、日本の輸出志向型「工業品」生産の一つの方向を体現するものとして位置づけられる。戦

第1章　複層的経済発展の論理

前期日本の経済発展は、趨勢として貿易依存度を高めており、かつ、第一次世界大戦期を除けば、経常収支の赤字が観察される時期が続いていた。そこでの輸入は、開港当初の最終財から中間投入財・投資財に移り、さらに原材料輸入が大きな位置を占めるようになっている。綿工業関係の輸入品が、綿製品（最終財）から綿糸（中間財）、紡績機械（投資財）へ、そして20世紀に入ってからは綿花輸入へとその比重をかえていったことに、それは端的に示されていた。

ここで注目されるのが、綿工業の発展そのものが、原料綿花輸入を増大させる関係にあったことである。綿工業の収支（綿糸・綿布輸出超過額と綿花輸入超過額＋綿業機械輸入超過額の差額）は、旺盛な国内消費によって明らかにマイナスであり、綿工業の発展は経常収支の赤字幅を拡大する主たる要因であった（牛島・阿部1996）。日本の製造業の発展には、それをカヴァーしうる輸出の伸長が不可欠となっていたのである。

日本の最大の輸出工業品は1930年代初頭まで一貫して生糸であり、第2の地位を絹織物（明治中期まで）、綿糸（日露戦後期まで）、綿織物（第一次世界大戦期以降）が交代で占めていた。しかし重要輸出工業品は、繊維製品に限られていたわけではない。産業中分類レベルでの集計値ではこれら各種繊維産業に遠く及ばないものの、多様な「消費財」をラフに「雑貨」と括るならば、その合計値は工業品輸出総額において、無視できない存在であった。東洋経済新報社編『日本貿易精覧』の製品分類に基づき、「雑貨工業品」を中分類の緞通・マッチ・メリヤス・帽子・履物・ボタン・身辺粧飾品・陶磁器・硝子製品・琺瑯鉄器・真田・花莚・洋傘・漆器・ブラシ・行李・玩具の合計、「雑貨工業品（広義）」を、大分類の薬剤・化学及び爆発薬、衣類及同附属品、紙及び紙製品、陶磁器及硝子類、金

3 都市小経営の展開

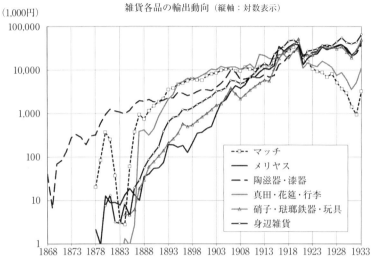

図2 「雑貨」各品の輸出動向
（出典）東洋経済新報社編『日本貿易精覧』（1935年）

属製品、雑品の合計とするならば、「雑貨」は、多くの年次で生糸に次ぐ第2位の輸出品の地位を綿糸、織物と争い、「雑貨（広義）」にまで広げるならば、その輸出額が生糸に拮抗する年次もあった。

輸出「雑貨工業品」に関しては、量的比重とともに、その製品構成の変化も注目される。図2からは、「雑貨工業品」製品の内容が時期によって大きく変化し、およそ三つのパターンに分けられることが読取れる。一つは、幕末開港後の早い時期から輸出がはじまる製品群で、陶磁器・漆器などがこれにあたる。次に、1890-1900年代に輸出が急増する製品群がある。マッチ（これは明治10年代の急増と減少をも含む）、緞通および真田・花筵類がこれにあたっており、これらの製品の輸出増加によって、明治中期は雑貨製品の総輸出額の面でも一つの画期となっていた。そして、これらの製品は遅くと

第1章　複層的経済発展の論理

も1920年代には輸出額を減らしている点でも共通点をもっていた。そして第3の類型として括れるのは、身辺雑貨、メリヤス、硝子製品、琺瑯鉄器、玩具などで、第一次世界大戦期にかけて伸び率が増大し、1920年代においても輸出額がほぼ維持されている製品群である。玩具は、この第3の類型の代表的な製品であった。

　第3類型として挙げた製品の第一の特徴は、基本的に移植技術に依存した新しい製品であったことである。原料となるのも、金属や化学製品である場合が多い。第2にこれらの産業分野の多くでは、その用途や意匠によって、「質」のことなる多種類の製品が作られていたことである。「下級代替財」的な面は残るが、「安価」であることとともに、市場の嗜好へ細かく対応することが求められる製品群であった。換言すれば、安価な労働力だけではなく、市場情報を製品に体現するために、広い意味での「技能」を保持することが、競争力の獲得には不可欠であったのである。

　この変化の方向を、別の角度から見てみよう。大蔵省『大日本外国貿易年表』によって1937年の主要輸出工業品の輸出先を比較してみると、欧米工業国と技術水準に差のある機械類の市場は中国（「関東州」「満洲」「中国・香港」）、特にその東北部にほぼ限られていたことが分かる。一方、生糸は欧米市場（特に北米市場）にほぼ特化しており、機械類と対照的であったが、これはアメリカの工業（絹織物業・靴下編業）との堅固な補完関係が形成された、中間財としての性質の反映であった。最終消費財として欧米の工業生産と競争関係にあった綿織物の場合、主たる市場は「その他アジア」、および「中南米・アフリカ・中近東・オセアニア」であり、欧米市場の比率は10％を下回っていた。

　この綿織物を基準とした場合、「雑貨」製品の特徴は、欧米市場

の比率の相対的な高さであったといえる。実際、玩具、身辺粧飾用品、陶磁器、ランプ・ランプ部分品は、欧米市場を最大の輸出先とし、中でも玩具は65％が北米・ヨーロッパ市場向けであった。そしてこれらの製品が、前述の雑貨における第3の類型にほぼ一致していたのである。

このように、戦間期の「雑貨」輸出の発展は、高所得国の市場をターゲットに、欧米工業国との直接の競争下において実現したものであった。堀和生の指摘する日本の「世界市場進出型の工業化」の最も先端的な部分であり、かつ、第二次世界大戦後に本格化する欧米市場への最終財工業品輸出の、最も直接的な先駆けであったともいえる（堀（2007））。セルロイド・ゴム・金属といった新しい素材を用いる新興産業の性質をもった戦間期の玩具工業は、その代表的な事例であった。そのトレンドは、民需品生産が政策的に抑圧された戦時経済期での断絶を経て、第二次世界大戦後に繋がっていく。

図3によれば、第二次世界大戦後の輸出は綿製品を中心とした繊維品が突出し、第2グループとして玩具、陶磁器、光学機器（双眼鏡、カメラ）およびミシンが続いた。戦前から連続する玩具および陶磁器と、戦後新たに登場する後者2つの製品が、輸出のトレンドにおいて重なりあうものであったことに着目したい。さらに、光学機器およびミシンを「軽機械」と括りうるとすれば、そのトレンドは、1950-60年代のラジオや時計輸出にまで延長することが出来る。敢えて技術基盤の相違を視野の外に置くならば、これらの製品は、高所得国向けの最終消費財として、同一のカテゴリーに括りうるものであった。

実際、戦前期に対米輸出額の太宗を占めていた生糸輸出の凋落を埋め、1950年代から60年代のアメリカ向け輸出を拡大する上で、ラ

第1章　複層的経済発展の論理

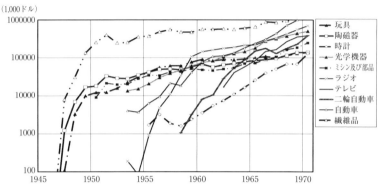

図3　第二次世界大戦後の日本の主要貿易品
(出典) 通商産業省編『通商産業政策史16　統計・年表編』(1992年)
(注) 鉄鋼、船舶は除いてある。

ジオ、ミシンを中心とする「機械」、および玩具や光学器械を含む「その他」製品の貢献は大きかった。すでに戦前から「その他」製品の中で中核的な位置にあった玩具は、戦後日本の輸出貿易を支える有力な製品群の、戦前における先駆け的な存在であった。

それはまた、戦後の製造業発展の担い手としての、中小工場の意義を示唆するものでもある。第二次世界大戦後の日本の経済発展は、農村から都市への雪崩を打った人口移動をもたらし、日本社会の構造を大きく変えたといわれる。実際、図4に見られるように、農林業家族従業者は1960年代には急速な減少をみせ、農家戸数（農林業・自営業主）さえもはっきりとした減少傾向を示した。しかし一方で、この間一貫して非農林業の自営業主数が増大していたことは、製造業においても、依然として新規開業が旺盛であったことを示唆している。

戦後の人口増加に伴って、たしかに製造業での被雇用者は急増し

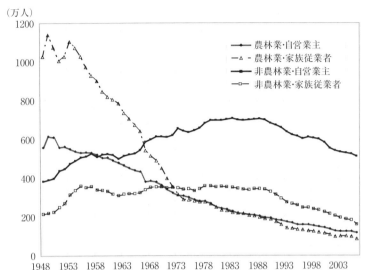

図4　戦後の自営業就業者数の推移（農林業・非農林業別）
（出典）総理府統計局編『労働力調査報告（年報）』。

たし、その給源として農村からの移動は大きな位置をしめていた。しかし、戦前来の独立開業による中小経営簇生の趨勢は、戦後の経済成長期においても、製造業の成長を支える重要な局面を形成していた。それが明確な減少に転じるのは1980年代のことであった。ここに、近代日本の経済発展を牽引した製造業の、構造変化の大きな切れ目をみることができるのである。

4　おわりに

以上本報告では、まず近代日本の産業発展を牽引した綿工業を素

第1章　複層的経済発展の論理

材に、近代日本の製造業における多様な生産組織の展開が、生産技術の特性と生産要素の賦存状況、特に労働力供給の構造との組み合わせによって理解することができることを示した。その上で、中小経営に基盤を置く分散的な生産組織が、両大戦間期以降も都市部を一つの立地拠点として新たな発展をみせ、それが日本経済の入超構造を緩和する役割をはたすとともに、第二次世界大戦後の工業発展の一つの有力な局面にも繋がっていくことを論じた。

　本報告の冒頭で述べたこれまでの研究視角との関連でいえばこれらの事実は、近代日本における製造業中小経営は、単なる後進的な形態の残存ではなく、また、大経営部門の利害の下に編成される存在とも言い難いことを示していると考えられる。近代日本の経済発展の特徴は、近世小農社会に胚芽し、かつその構造的な特質を継承する経済発展（「在来的経済発展」）の過程に、19世紀後半以降の、欧米先進資本主義国からの技術導入を起動力とする「近代的経済発展」が積み重なった点にあり、それぞれ固有の論理を有する２つの経済発展の相互作用の過程であった。本報告ではそれを「複層的経済発展」と呼びたい。近代日本における多様な規模の製造業の事業体と生産現場は、この経済発展の複層性を反映する事象であった。それは、比較経済発展論の立場から提唱される「労働集約的工業化」パターンの、有力な具体例としても位置付けられるのである（Austin and Sugihara eds.（2013））。

参考文献
梅村又次他（1988）、『長期経済統計２　労働力』、東洋経済新報社
牛島利明・阿部武司（1996）、「綿業」、西川俊作・尾高煌之助・斎藤修編『日本経済の200年』、日本評論社

4 おわりに

沢井実・谷本雅之（2016）、『日本経済史—近世から現代まで』、有斐閣

高村直助（1971）、『日本紡績業史序説・上』、塙書房

谷本雅之（1998）、『日本における在来的経済発展と織物業—市場形成と家族経済』、名古屋大学出版会

谷本雅之（2002）、「近代日本の都市『小経営』—『東京市市勢調査』を素材として」、中村隆英・藤井信幸編『都市化と在来産業』、日本経済評論社

谷本雅之（2005a）、「戦間期日本の都市小工業—東京府の場合」、中村哲編『東アジア近代経済の形成と発展：東アジア資本主義形成史Ⅰ』、日本評論社

谷本雅之（2005b）、「分散型生産組織の"新展開"—戦間期日本の玩具工業」、岡崎哲二編『生産組織の経済史』、東京大学出版会

谷本雅之（2007）、「戦間期日本における都市型輸出中小工業の歴史的位置—在来的経済発展との関連」、中村哲編『近代東アジア経済の史的構造：東アジア資本主義形成史Ⅲ』、日本評論社

谷本雅之（2013）、「戦間期日本の中小工業と国際市場—玩具輸出を事例として」、『大阪大学経済学』63巻1号

谷本雅之（2015）、「在来経済・産業の発展」、『岩波講座・日本歴史　第14巻　近世5』、岩波書店

谷本雅之（2017）、「農村工業の拡大と工業の自立：需要変化・技術普及と土木建設・鉱業・製造業」、『岩波講座・日本経済の歴史　第2巻　近世』、岩波書店

中岡哲郎（2006）、『日本近代技術の形成—「伝統」と「近代」のダイナミクス』、朝日新聞社

中村　哲（1968）、『明治維新の基礎構造—日本資本主義形成の起点』、未來社

中村隆英（1971）、『戦前期日本経済成長の分析』、岩波書店

堀　和生（2007）、「両大戦間期日本帝国の経済的変容：世界市場における位置」、中村哲編『近代東アジア経済の史的構造：東アジア資本

主義形成史Ⅲ』、日本評論社

Austin, Gareth and Kaoru Sugihara eds. (2013), *Labour-intensive Industrialization in Global History,* Routledge

Otsuka, Keijiro, Gustav Ranis, and Gary Saxonhouse (1988), *Comparative Technology Choice in Development: The Indian and Japanese Cotton Textile Industries,* Macmillan Press

第2章　日本経済の歴史と金融

高槻　泰郎（神戸大学）

第2章　日本経済の歴史と金融

1　はじめに

　本章に課せられた課題は、金融の視点から見た日本経済発展の歴史を、専門外の方にも分かりやすく論じることである。編者からの追加的な指示によれば、既に明らかにされていることの紹介にとどまらず、執筆者なりの今後の研究展望も述べることが望ましい、とのことである。つまり、現段階で何が分かっていて、何が分かっていないのかを整理せよ、という指示であると理解して、以下に叙述する。

　経済発展において金融が重要な役割を果たすことは言うまでもない。金融が果たすべき機能の内、最も重要な2つの機能、すなわち決済・融資のいずれについても、経済成長に不可欠な要素と言える。金融と実体経済が車の両輪の如く駆動することで経済発展が実現するとすれば、日本経済の歴史においてそれが実現したのはいつの時代であろうか。

　近年刊行された岩波講座『日本経済の歴史』（全6巻、岩波書店、2017-2018）では、中世から現代に至るまでの日本経済発展の歴史が叙述されているが、全ての巻に金融のセクションが設けられ、金融の視点から見た日本経済発展の歴史が各論者によって整理されている。これによる限り、上述の意味での金融と実体経済の並行的発展は中世より実現していると見てよい。中世日本の商取引、特に畿内と地方とを結ぶ商取引において、事実上の紙幣として匿名的に取引された「割符（さいふ）」などはその最たる例であろう（本多・早島(2017)）。

1 はじめに

 もっとも、「割符」に代表される証書流通は、16世紀には停滞していたとの指摘があり（桜井（2017）、295頁）、室町幕府が債権の否定を宣言する徳政令を15世紀以降に濫発して金融市場・実体経済に大きな混乱をもたらしたことも確認されている（本多・早島（2017））。このように、経済と金融の関係は、政治的・軍事的環境にも大きく影響されながら紆余曲折を経験したというのが研究者の共通認識であるが、大きな時間の流れにおいてこれを見れば、両者は中世以来、並行的な発展を続けていたと言える。

 その発展の歴史の中で、本章は近世を重要な画期と見なす。多くの読者は、金融市場が目を見張るほどの成長を遂げた時代として思い浮かべるのは明治以降であろう。しかし、近世という時代は、紛れもなく金融部門が大きく成長を遂げた時代である。その成長は二つの要素に分解される。

 第一に技術的成長である。14～15世紀に流通した「割符」と必ずしも連続性を持たないが、近世においては「振手形」（現代の小切手に相当）、「為替手形」が上方において、そして上方と地方を結ぶ商品流通において盛んに取引された（作道（1961）、谷（1994）、西向（2006）、石井（2007）など）。また、現代の金融市場において大きな割合を占めるデリバティブ（金融派生商品）取引が生み出されたのも、近世大坂の米市場においてであった（高槻（2012a、2018））。

 幕藩体制という、長期に亘って安定的に存続した体制の下、こうした技術的進歩が見られたことは従来からも強調されてきた。もとい、工業化以前の日本における金融市場の発展は、こうした技術的進歩を中心に論じられることがほとんどであった。

 本章が注目するのは、これまで史料的な制約も手伝って必ずしも十分に検討されてこなかった第二の要素、すなわち近世日本金融市

場の量的な成長である。後段で詳述する通り、金融業を生業とした商家の内、当時の経済的中心地であった上方に居を構えた商家が、江戸時代後期には巨額の資産を築き上げていたことが明らかにされている。彼らのビジネスを一言で整理してしまえば、領主階級や商家に資金を融通して利子を取る、ということに尽きる。

彼らが巨大な身代を築き上げた要因は、当然ながら大きな利子収入を安定的に得たことにあるが、「なぜ彼らは利子収入を確保することができたのか」という、誰もが疑問に思う点について真正面から検討した研究は、金融技術の進歩を論じた研究に比して少ない状況にある。

そこで本章では、第2節において江戸時代金融市場の構造と、その量的拡大について概観する。第3節においては量的拡大を支えた制度的要件について論じる。言わばここまでが、既存の研究が明らかにしてきたことである。第4節においては、上方豪商にとって最大の取引相手であった大名の経済が、いつ、どのようにして成長したのかという、これまで必ずしも十分に解明されてこなかった点について、課題と展望を述べ、編者からの要求に応えたい。

2 近世期金融市場の量的拡大

江戸時代において最も多くの金を借りたのは大名である。江戸幕府も「御用金」と称して半強制的に民間から資金を借り入れることがあったし、旗本・寺社・公家などの領主も恒常的に民間から資金を借り入れていたが、少なくとも大坂の豪商と呼ばれる金融商人が融資を行った相手先を見る限り、圧倒的に大名の占める割合が大き

い。そこで以下では大名の資金調達に焦点を当てて叙述を進めたい。

大名が外部から金を借りることは、その財政構造からして必然であった。つまり、収入の大半を秋に取り立てる年貢米に頼り、それを秋から翌春にかけて現金化（市場で売却）することで、通年の財政支出を賄っていたため、狭間の時期、つまり夏〜秋にかけての時期における財政支出については、外部からの借り入れに頼らざるを得なかったのである[1]。

大名の支出には「平時」の支出と「臨時」の支出とが存在した。前者の最たるものは家臣団の人件費、行政費、参勤交代費用などの対江戸幕府支出であり、後者の最たるものは災害時の復旧・救恤費や、江戸幕府からの指示を受けて各種土木工事に従事する（あるいはその資金を上納する）ことなどである[2]。

大名財政は、平時の運転資本、そして臨時支出のいずれについても外部からの資金供給に依存せざるを得ない構造にあったのであり、いかに安く、いかに効率よく借り入れるかに各藩が腐心したことは理の当然であった。

---

1) 穀物の収穫期に収入が集中するがゆえに金融が必要となるという構造は、近世に限られるわけではなく、14世紀から15世紀にかけて土倉という金融専業の業者が畿内を中心に成立した背景にも同じ構造があった（本多・早島（2017）、125頁）。

2) 大名は江戸幕府に対して貢租を上納する必要はなく、大名は大名領から、幕府は幕府領から、それぞれ徴収した貢租収入で各自の財政を切り盛りするのが原則であったが、本文中に例示した土木工事などのように、江戸幕府が直接的に大名に負担を求めることもあった。これは「御手伝普請」と呼ばれ、形式的には大名の自発的意思に基づく志願行為とされたが、実際には江戸幕府が大名を指名して工事を請け負わせることが多かった（高槻（2016、2018b））。

第2章 日本経済の歴史と金融

　遅くとも17世紀末には最大の金融市場となっていた大坂を例にとると、大きく分けて（1）米市場を通じて金を借りる方法（17世紀中期〜）と、（2）商人と直接交渉して金を借りる方法の二つが存在した。本章では、この内の後者、商人と大名間の資金貸借市場に焦点を当てて論述する[3]。

　諸大名は大坂における年貢米（その他の産物）の販売を商人に任せていた。こうした関係性の中から、平時における運転資本需要と、臨時の資金需要とに応える商人が出てくる。後段に紹介する大坂豪商と呼ばれる商家は、いずれも米を含む諸物資の販売業務を請け負うことを足がかりとして、当該大名の金融御用達の地位を獲得している（高槻（2014）、廣岡家研究会（2017））。

　彼らが大名に融通したお金は、為替、という仕組みを使って江戸や国元など、大名が必要とする場所へ送金された。例えば、大坂で獲得した米（ないし産物）の販売代金を、現送なくして江戸で受け取ることができた。為替取引の発達という、金融市場の「技術的成長」が大名の資金繰りを支えていたのである。

　大名の資金繰りを支えた大坂の金融商人の内、特に複数の大名にわたってこの業務を担当したのが豪商と呼ばれる商家であった。代表的な豪商として知られるのは、鴻池屋善右衛門（岡山藩、広島藩、土佐藩など）、加島屋久右衛門（萩藩、中津藩、筑前藩など）、加島屋作兵衛（熊本藩など）などである。

3）米市場で資金調達を行うために諸大名が発行した「米切手」という証券について、その発行量は18世紀中期から後期にかけて大きく伸びていた。この量的な拡大の背景について、一般向けの文献では高槻（2018）、より専門的な文献としては鶴岡（1969）、高槻（2012a）を挙げるにとどめ、ここでは深追いしない。

2　近世期金融市場の量的拡大

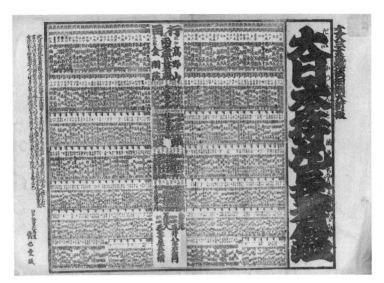

図1-1　「持丸長者鑑（1863年）」（全体）
（出典）「持丸長者鑑　文久三年」（大阪商工会議所所蔵）。

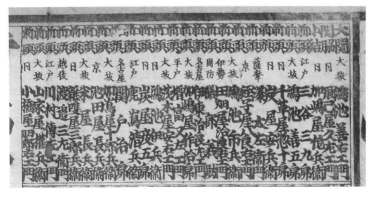

図1-2　「持丸長者鑑（1863年）」（右最上段を拡大）

39

第2章 日本経済の歴史と金融

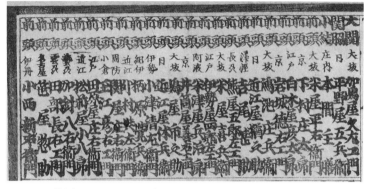

図1-3 「持丸長者鑑（1863年）」（左最上段を拡大）

　まずは幕末に刊行された長者番付を見てみたい（図1-1～1-3）。東の最高位・大関に鴻池屋善右衛門（以下、鴻善）、西の最高位に加島屋久右衛門（以下、加久）の名が確認できる。また東の小結に加島屋作兵衛（以下、加作）の名が見える。この長者番付は、大坂だけではなく、全国の商人を対象とするものであるので、本章が以下に取り上げるこれら豪商の、当時における全国的な位置づけを教えてくれる。

　とはいえ、これはあくまでも印象に基づく序列付けであり、厳密な財産比較を会計帳簿によって行う必要がある。加作については、その経営内容を数量的に把握する史料が残されていないため、鴻善と加久について純資産（資産総額から負債総額を差し引いた値、現代で言う自己資本に当たる）の推移を見ていきたい（図2、図3）。

　幕末開港後の物価急騰期を除けば、鴻善・加久の両家は18世紀以降、実質ベースで順調に純資産を蓄積していったことが見て取れる。特に成長が顕著なのは加久であり、欠損値が多いとはいえ、18世紀

2　近世期金融市場の量的拡大

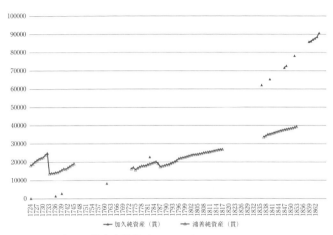

図2　大坂金融商人の純資産推移（1724-1864）
(出典) 鴻池屋善右衛門の純資産は大阪大学経済史・経営史資料室所蔵「鴻池善右衛門家文書」の各年度「算用帳」（紙焼き資料）より。加久の純資産は廣岡家研究会［2017］、表3-2より転記。

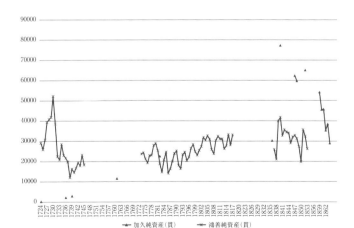

図3　インフレ調整済み大坂金融商人の純資産推移（1724-1864）
(出典) 図2に同じ。
(注) 岩橋（1981）より大坂年次米価を取得し、1800年を100として基準化した値を掲示。

半ばに爆発的な成長を遂げたことが窺える。この背景に、堂島米市場における米仲買業から大名金融への経営シフトがあったことが確認されている[4]。

一方、鴻善は、図2・3で見る限り比較的なだらかな成長曲線を描いているように見えるが、実は鴻善の純資産が急成長したのは、図2・3がカバーしている前の期間、すなわち17世紀末であり、それは鴻善が上方・江戸間の商品取引から大名金融へ経営シフトを進めた時期と重なる（安岡（1998））。

これらの観察から整理すべき事柄は、（1）鴻善・加久は大名金融への特化を通じて急成長を遂げたこと、（2）その成長は時間と共に鈍化する傾向にあったこと、の2点である。

第一の点について、加久の成長については近年の発見事実であるが、鴻善に関しては古くから指摘されてきた。それにもかかわらず、なぜこのような成長が実現したのか、という根本的な問いに向き合う研究者は限られていた（後述する森（1970）は数少ない例外である）。第二の点について、安岡（1998）が鴻善の成長鈍化を「退嬰化」、すなわち進取の精神を失い、保守的な経営に終始したものと評価し、それこそが、鴻善が明治維新後に財閥化を果たせなかった理由とし、それが定説化した経緯がある。

確かに、加久も近世後期において成長を鈍化させており、それを「退嬰化」と表現するか否かは別として、成長の鈍化自体は鴻善に固有の現象ではないことが明らかになった。しかし、両家の成長が鈍化して以後も、概ね1000貫目以上に及ぶ高額の収益を上げ続けて

4）廣岡家研究会（2017）にその概略が述べられているが、加久の勘定目録を用いた詳細な検討については、後述する萩藩との関係も含め、別稿を準備中である。

いる事実（安岡（1998）、廣岡家研究会（2017））は到底無視できるものではない。

　無論、上記の観察結果は、鴻善・加久という当時最大の豪商を例にとっているがゆえの標本の偏りから自由ではない。しかし、中規模の両替屋・銭屋佐兵衛（逸身家）の大名貸経営が、弘化４年（1847）から明治初年にかけて堅調に推移し、純利益を貸付残高で除した値は概ね５％以上を維持していたことが近年の研究で明らかにされている（小林（2015））。つまり、近世後期から幕末期にかけて大名金融が「儲からなくなった」わけではないのであり、近世中期から後期にかけて、非金融業者、例えば伊丹の酒造家・小西新右衛門などの商家が大名金融市場に参入してくる傾向にあったことも、このことを裏付けている（賀川（2012））。

　大名金融は必ず儲かった、などと言うつもりはない。事実、加久の分家である加島屋五兵衛は、従業員を加久と一定程度共有していたにもかかわらず、つまり貸付・回収の技術を共有していたにもかかわらず、その大名金融経営は近世後期を通して不安定であった（廣岡家研究会（2017））。

　全ての大名金融商人が順調に資本を蓄積していったわけではないことを念頭に置きつつ、ここで問うべきは「儲かった商家はなぜ儲かったのか」、である。この素朴な問いに対する答えを、もとい、答え「方」を、本章では二つのアプローチによって示したい。第一に制度的側面、第二に大名経済との関係分析である。

3 近世期金融市場を支えた取引制度

　江戸時代の後半に成長を鈍化させていたとはいえ、大坂の豪商が巨額の収入を安定的に獲得し続けた要因は何か。一つには貸したお金を回収する制度的仕組みが存在したからである。

　何を当たり前のことを、と思われる読者もいるかも知れないが、「徳政令」を濫発した室町幕府の例を挙げれば十分であるように、歴史上、貸した金が返ってくることは決して自明ではなかった[5]。事実、江戸幕府も、大名と商人間の債権債務関係を巡る紛争には積極的に関与しない姿勢を維持した（賀川（1996）、中川（2003）、高槻（2012b））。ある大名が借金返済に窮し、債権者たる商人がそれを江戸幕府の法廷に訴え出た場合、訴えは受理されるが、江戸幕府が大名に対して返済を強く督促したり、債権回収を代執行したりするわけではなかった。反対に、大名の肩を持つわけでもなかった。つまり、室町幕府が濫発した「徳政令」のように、債権そのものを否定することは少なくとも大坂では行わなかった[6]。つまり、大

5）室町幕府の名誉のために附言しておくと、足利義持政権期（1394-1423）に、それまで「雑務沙汰」として軽く扱われてきた金銭貸借を巡る民事訴訟を受理するようになり、続く義教政権期（1428-1441）にも処理機能が強化され民事訴訟制度の基礎が形成された（本多・早島（2017）、30頁）。しかし、このことが債務者を苦しめるに至り、徳政一揆へと繋がっていく。この間の経緯を詳しく紹介した一般書として笠松（1983）、早島（2018）を挙げておく。

6）江戸幕府が大坂において債権を否定したことは皆無であったが、江戸では棄捐令、すなわち商人の旗本・御家人への債権の一部を否定し

名・商人間の個別契約に対しては不干渉主義をとったのである。

　こうした江戸幕府の姿勢は、必然的に大名側に借金踏み倒しの誘因を与える。それが顕著に表れたのが、米価が持続的に下落した享保期（1716-1735）であった。1728年に成立した「町人考見録」（伝・三井高房筆）には、大名による借金踏み倒しによって倒産した大名貸商人の事例が数多く記されている[7]。三井家の子孫に対して、大名貸がいかに危険であるかを実例でもって示し、これを戒めることに狙いの置かれた著作であるから、多少大げさに伝えている部分もあるだろう。しかし、以下に示すように、鴻善という例外的な成功例を示している点からすると、危険性をいたずらに強調したものではないと言える。

【現代語訳】
現在の両替屋のなかで、家が栄え、工面がうまくいっている者は大坂の鴻池屋善右衛門である〔中略〕近年、大名貸をする者が将棋倒しのようになっている中、この鴻池だけは手まわしがよく、ますます身代を築き上げていっている。

【史料原文】
今両替の内、家も栄え工面もよくいたし参り候者は、大阪鴻池善右衛門〔中略〕近年大名借し致す者、将棋倒しの様に成り行き申し候

　たり、古い債権の利子を否定したりする法令を出したことがあるし、諸大名も債権を一部否定する法令を領内に出すことがあった（『国史大事典』、「棄捐令」の項を参照）。近代的な「債権」の概念は、江戸時代においては成立していなかったのである。

7）ここでは早川純三郎編『徳川時代商業叢書　第一』国書刊行会、1913年、に依った。

ところ、この鴻池のみ手廻しよく、ますます身上厚く成り申し候事

米価が下落し、大名財政が困窮の度合いを深めていくなか、大名金融商人が「将棋倒し」のような状態に陥っていたことが分かる。それも全ては借金踏み倒しによる、というのがここでの趣旨であるが、鴻池だけは例外であるとする。

　先に見た通り、鴻池や加久は大名金融に特化して以降、急速に身代を太らせていった。つまり、返さなくても法的には処罰されないお金（元金と利子）を、大名達は鴻善・加久などに粛々と返していたことになる。ではそれを実現した「手まわし」とは何であったのか。この問題に正面から取り組んだ研究が森（1970）である。

　森（1970）は、江戸時代の中期以降、大名と商人の間に長期的な関係性が生まれていたことに目を向けた。18世紀初頭の米価低落期を経て、大名は商人との関係は、借りては踏み倒し、という関係から、大名が返済を誠実に行い、商人も大名の資金需要にできる限り応えるという互恵的な関係へと変化していたこと、こうした関係を志向した大名は、大坂に一定量以上の年貢米を廻送した大名であったことを明らかにした。

　典型的な例としてここでは萩藩を取り上げたい。萩藩は、18世紀中頃、大坂において巨額の借財踏み倒しを敢行し、大坂金融市場の評判を大いに落とした（伊藤（2014））。それによって、萩藩の産物は「捨て売り同然」となった。つまり大坂市場全体から不買運動を突きつけられたのである。萩藩はこの失敗から方針を180度転換した。すなわち、加久をパートナーに指名し、加久との長期的な信頼関係を構築することで安定的な資金繰りを実現することを企図したのである（森（1970）、伊藤（2014））。加久もそれによく応え、財政

状況の悪化から緊張関係に陥る局面もありながら、両者の関係は幕末、明治初年まで継続した。

このように、法的には債権が保障されない中、大坂商人は債務者である大名と長期的に信頼関係を構築することで、返済をより確実なものとした。こうした商人の最たる例が、鴻善であり加久であり加作であった。

森（1970）の示した図式は、大枠として現在の研究にも受け継がれているが、近年の大名金融を巡る研究は、これを発展的に乗り越えようとしている。例えば、商家と長期的な関係性を構築することができた大名の条件について。森（1970）は、大坂に一定量以上の廻米があることを重視していたが、近年の研究では必ずしも米に限らず、大坂で売りさばくことのできる産物を持っているかどうかが重要であったことが明らかにされている（高槻（2014）、小林（2015）など）。

このように、今後さらに実証分析が深められる余地のある研究領域であるが、現段階での知見を整理するならば、キャッシュインフローが期待できる大名は、商家と長期的な関係を構築して相対的に低い資本コストを実現し、それができない大名との差を広げていったのが18世紀中期以降の大名金融市場の実態であった、ということになる。対大名債権の保護が欠如している状況下で、大坂豪商が債権回収を実現した制度的枠組みはこのように説明される。

残る問題は、パートナーたる大坂豪商に、大名が粛々と利払いと元金返済を続けられたその「源」の解明である。上記の制度的な説明では、この「源」を解明したことにはならない。実はこの点こそ、筆者による研究も含め、これまで十分に解明されてこなかった、そもそも問われてこなかった点なのである。

第2章　日本経済の歴史と金融

4　大名経済の成長と金融市場

　金融機関の成長は、融資先の成長によって実現する。これは確かであるが、所得分配が変わることによっても実現される。喩えて言うならば、パイの大きさが拡大することに伴って商人の取り分も増えるという筋書き（①）と、パイの大きさは変わらないが、大名と商人との間でのパイの切り分け方が変わり、商人の取り分が増えるという筋書き（②）の二つがあり得る[8]。

　無論、①と②の筋書きは相互に排他的ではない。経済全体が成長しながら、分配のあり方が変わることはあり得る。また、②の筋書きは、大名間のパイの切り分け方が変わり、特定の大名とそれと提携した商人のみが取り分を増やし、それ以外の領主が相対的に取り分を減らす筋書き（②-1）と、大名を含む領主階級全体が取り分を減らし、商人のみが取り分を増やす筋書き（②-2）とに細分化される。

　多くの日本人に共有されている「領主財政困窮史観」に親和的な筋書きは②-2であろう。すなわち、領主階級の財政が困窮にさらされる中、豪商だけが肥太ったと。しかし、近年の領主財政研究では、こうした史観に一石を投じている。すなわち、多額の債務を抱

---

[8] 後者のシナリオについては、シンポジウム当日におけるフロアからの高島正憲氏からのコメントによって気がつかされた点である。本章の議論を組み立てる上で、大変有意義な助言であった。改めてここに記して謝意を示したい。

えている大名が、国内外に無視できない大きさの資産を保有していること（伊藤（2014））、また大きな債務を抱えながらも、諸大名が次々に新規の融資を受けられていたこと（高槻（2012b））などが明らかにされている。こうした事実からすれば、②-2の筋書きを無批判に受け入れることはできず、むしろ①ないし②-1の筋書きの可能性について検討することが、現在の研究に突きつけられている課題である。つまり、分配の問題だけで豪商の成長を説明することは難しい、ということである。

　森（1970）は、お金を借りられる大名と、それができない大名の分化が進んだと述べた。これはつまり②-2の筋書きよりも、②-1の筋書きが妥当すると考えていたことを示すものであるが、①を伴っていたのか否か、経済成長の下でこの格差が広がっていったのかについては検討の外に置かれている。

　以上を踏まえた上で、まずは近世日本経済全体の成長について概観してみたい。近年、古代から近世にわたる日本経済のGDPを推計した高島（2017）は、これまで農業生産量（第一次部門生産量）のみでしか測られてこなかった前近代日本経済の動態を、第二次・第三次部門も考慮したGDPとして捉えるという新機軸を打ち出した。また第一次部門生産量についても、実際の生産量と、統計上の「狭義の石高」（≒「非課税所得」）との乖離を、1874年「物産表」に見える乖離から遡って補正し、既存の推計値を見直している。

　その結果、近世末から明治初期にかけて高成長（年率0.46％）が見られたこと、人口も農業生産力も共に増大した17世紀段階において、1人当たり「第一次部門生産量」は既存推計が示していたほど下落していなかったことが示された。

　ここで示された経済成長の動態と、第2節で確認した大坂豪商た

表1　鴻善・加久の純資産成長率と高島推計の対比

期間	鴻善純資産 年平均成長率 （インフレ調整済）	期間	加久純資産 年平均成長率 （インフレ調整済）	期間	農業生産量 年平均成長率
1670-1721	8.33%	－	－	1600-1721	0.38%
1721-1782	-0.77%	1724-1782	8.38%	1721-1804	0.22%
1782-1837	0.59%	1782-1836	0.55%	1804-1846	0.31%
1837-1853	0.11%	1836-1864	-0.16%	1846-1874	0.46%

(注) 鴻善・加久の純資産について典拠は図2に同じであり、インフレ調整の方法については
　　GDP、一人当たりGDPの年平均成長率については高島（2017）の表3-11、表7-3より算

ちの純資産成長率を対比させてみたい。純資産の数値は確定された数値であり、今後変わりようがないが、高島（2017）による推計作業を巡っては、その妥当性を巡って議論があり（谷沢（2018a、2018b））、著者本人も大胆な推計に基づいていることを認めている。したがって、ここで示された推計値が今後改訂される可能性は大いにあることを念頭に置きつつ、これを一つの目安として、大坂豪商たちの成長を近世期経済の中に位置づけてみたい。

　鴻善・加久いずれについても、大名金融への転換後の成長と、その後における成長鈍化を第2節で確認したが、年平均成長率で見た場合、より明瞭にその傾向が看取できる。史料制約の関係で、必ずしも同一の期間で比較はできないのだが、鴻善・加久の爆発的成長期における成長率と、農業生産量をはじめとする経済指標の成長率とを比較した時、両者の間に大きな格差があることが分かる。

　鴻善の成長期（17世紀後半）は、石高・人口・物価（米価）の持続的上昇期（経済成長期）に当てはまるが、加久の成長期（18世紀中期）は、これらの指標に顕著な上昇が見られない、マクロ経済学の言葉で表現すれば、ほぼ定常状態にあった（高島・深尾・今村（2017））。経済全体が落ち着いた成長を見せるなかでの鴻善による

4 大名経済の成長と金融市場

GDP 年平均成長率	一人当たりGDP 年平均成長率
0.52%	0.01%
0.22%	0.25%
0.32%	0.21%
0.88%	0.41%

図3に同じである。農業生産量、出した。

成長、加久による爆発的な成長を、どのように解釈すべきだろうか。

まず検討すべき点は標本の偏りである。先に指摘した通り、鴻善・加久とも江戸時代大坂を代表する豪商であり、近代以降も銀行への転身を遂げた家であるから、その成長率が経済全体の成長率よりも高かったとしても全く不思議ではないし、そもそも個別経営の成長率と経済全体の成長率を比較している時点で齟齬が生じることは当然である。

しかし、そうであるからといって、鴻善・加久の成長をもたらした要因を考えないでよい、というわけではない。経済全体が安定的に成長する、ないし定常状態にあった中、両家の成長率が顕著に高かったとすれば、それは彼らが融資した大名の経済が成長していたと考えるのが自然である。無論、成長は起きておらず、分配が大きく商人に偏ったという可能性もあるが、そうであるとすれば、両者は共倒れになるか、豪商の収入は逓減したはずである。事実はそうならなかった。むしろ、安岡（1998）が示したように、鴻善は低利で得意先の大大名に融資を続け、低利の、しかし絶対額としては巨額の利子収入を安定的に得ていたのである。

とするならば、次に検討すべき可能性は、高島推計を含む既存の経済成長推計が、近世経済の成長、特に大名経済の成長を十分に補足できていない可能性である。筆者はこの可能性こそ、今後の近世経済史研究に一つの指針を与えるものと考えている。

地租改正期における広島県恵蘇郡奥門田村（「貧郡」と見なされてきた地域）の状況を分析した中山（2008）は、旧石高（持高）と収穫

高を比較した場合、両者の懸隔が激しく、7倍以上後者が大きい事例もあったことを紹介している[9]。高島推計（明治初頭のデータ）では、その差は1.3倍〜2倍で（高島（2017）、表3-9）、幕藩領主が把握していない生産量が幕末期に向けて拡大していったことをよくとらえているとしているが（同書、143頁）、それでもまだ過小である可能性がある。

熊本藩（表高54万石）が、1842年に実施した領内の生産量把握を目指した調査によれば、非農業生産を含む熊本藩の総生産は約195万石以上であったと推計されている（谷本・今村（2017））。これは藩営事業を除いた、純粋に民間で生産された量である。

これに対して、熊本藩の年貢収入は、19世紀以降、定免制を導入したこともあり、ほぼ32万石前後で推移した（後述）。熊本藩が徴収した貢租物の6倍近い生産物が、熊本藩の領民によって生産されていたという事実を踏まえると、高島推計が想定している以上に、石高（持高）と収穫高の乖離は、大きかったと結論せざるを得ない。しかもそれは、豊かな熊本藩領だけに生じた乖離なのではなく、「貧郡」においてさえ生じた乖離なのである。したがって、実際の生産量と、統計上の「狭義の石高」（≒「非課税所得」）との乖離を、1874年「物産表」に見える乖離から遡って補正する高島推計の方法は、今後何らかの形で改良される必要がありそうである。

この点はひとまず置くとして、ここで考えねばならないのは、大坂豪商たちに支払われた巨額の利子を生み出した源である。熊本藩

9）中山（2008）の指摘した乖離を重視している木下（2017）に学んだ箇所である。木下（2017）は、近世期の生産力把握が十分に行き届いていないこと、それにもかかわらず「貧農史観」が独り歩きしていることに警鐘を鳴らしている。

の実収入が32万石で、ほぼ安定していたということは、たとえ熊本藩領に経済成長が起きていても、藩政府はその恩恵に与ることができなかったということを意味するはずである。しかし、実体はそのように単純ではなかった。

　幸い、1803-1807年における熊本藩財政については具体的な数値で追うことができる「度支彙函　内篇一　御勝手繰しらべ」（熊本大学附属図書館寄託「細川家文書」草１）。それによると、以下のことが指摘できる[10]。

(1)　熊本藩の年貢収入は、定免制導入により32万石前後でほぼ一定である
(2)　熊本藩は例年12万石〜19万石を元利返済に宛てており（銀にして約7200〜１万1400貫）、そこには「取立米」（家臣俸禄の召し上げ）、町人から献金・献米（「町在上ケ米銭」）も宛てている
(3)　1803-1807年の５か年は継続して財政赤字の状態にあり、５年間累計の不足高、80万8650石２斗（１石＝銀60匁として銀４万8519貫）の内、相当部分を熊本領内からの献金（「寸志」）および借り入れ（「地場御才覚」）によって補填している

　まず注目すべきは、熊本藩による毎年の元利返済額である。毎年、銀にして約7200〜１万1400貫もの現銀が、大坂を中心とした金融市場に流れている事実は、大坂豪商成長の原資を説明するに十分であ

---

10)　この分析については、2019年３月２日、３日に熊本大学にて開催されたシンポジウム「熊本藩からみた日本近世―比較藩研究の提起―」にて報告した。その成果は論集として刊行される予定であるので、詳細はそちらを参照されたい。

る。そしてその元利返済には、民間からの献金も宛てられていた。さらに、それでも生じてしまった財政赤字は、領内からの献金や借り入れによって補填している。否、補填できてしまっている、と表現したほうがよい。つまり、熊本藩の財政において民富は不可欠の歯車として組み込まれているという実態がここに明らかになる。

19世紀初頭の熊本藩は、本途物成（「所務一式」）や小物成（「小物成方櫨方」）の他に、民富を吸収する経路を保有していた。つまり、一般会計の不足（「御定用御不足」）と巨額の借財を返済する原資として、民間の富を吸い上げ、流用していたのである。藩庫に入る生産物の、実に6倍に当たる195万石もの生産物を生み出した熊本藩の民富は、かくして藩財政にも組み込まれていた。それが大坂豪商に流れたと見てよい。

大坂をはじめとする都市市場における借り入れ・返済に苦慮して、領内からの借り入れ、献金で取り繕うとする例は、熊本藩に限らず、枚挙に暇がない[11]。その行きつく先が大坂金融市場であるかどうかまで検証した研究は少ないが、幸運にも数値で確認できる熊本藩の事例を、特異な例外として片付けるべきではない。

熊本藩の御用達を務めた豪商は、加島屋作兵衛（加作）である。残念ながら加作の資産規模を数字で追うことはできないのだが、熊本藩の中級武士が、1800年に藩主に宛てて提出した意見書によれば、加作は18世紀中頃に熊本藩に取り立てられた頃は「至って微少の者」であったが、熊本藩の恩顧を受けて大坂でも著名な富商となったとある（「当時にては大坂金持の列にも指を折り候ほどにあいなり

---

11) 全国各地の自治体史において、「困窮する領主財政」といった項目が立てられ、領内からの献金・借り入れが行われた事実が記載されている例は、文字通り枚挙に暇がないほどに確認できる。

候[12]」)。事実、図1-2にも小結としてその名前が見える通り、加作は熊本藩に取り立てられることで上昇を遂げた典型的な大坂豪商の一軒であった。加作が上昇を遂げた背景には、熊本藩領国の生産力向上があったと考えることができる。

ではその生産力向上は何によってもたらされたのか。谷本・今村（2017）によれば、熊本藩の民間における生産の内、たとえば櫨実（蠟の原料）は、18世紀後半における藩の奨励によって拡大したことを指摘している。藩営事業として（藩専売仕法として）進められた産物育成が、民間の生産を刺激し、拡大させるという図式は、他領においても当然考えられる。諸大名が産物育成に熱心に取り組んでいたことは、これまでも繰り返し指摘されてきたことだからである（西川・天野（1989））。

しかし、その原資、すなわち藩が産物育成を実施するに際して必要となった資本がどこから調達されたのかについては、堀江（1933、1963）が藩札発行にその財源を求める見解を示して以降、研究の深化は見られない。

例えば産物育成の例として著名な徳島藩における藍生産について見ると、18世紀中期までは大坂の藍問屋商人による金融支配を強く受けていたとされる。すなわち、大坂問屋商人からの出資に強く依存するがゆえに、生産された藍の販路および価格において制約を受けていたのである。そこで徳島藩では、大坂藍問屋商人による金融支配を断ち切るべく、徳島藩が、商業上の信用供与者として機能するに至ったとする（西川・天野（1989））。極めて興味深い変化であ

---

12) 熊本大学附属図書館寄託「細川家文書」上書17。世禄350石、川尻町奉行、中小姓などを勤めた熊本藩士である境野嘉十郎が、1800年に藩主に宛てた上書。

るが、徳島藩が何の財源によって自領の藍生産を金融的に支えたのかについては関心の外に置かれている。

一方、18世紀中期以降の高松藩における国産振興政策については、その元手金が藩札によって供給されていたことが指摘されている（同上）。しかし、事は単純に運んでいない。高松藩は藩札の管理（安定的な通用の維持）に失敗し、19世紀初頭には大坂の加島屋一郎兵衛という商家に藩札の兌換準備金の拠出を仰いでいる。ところが、それでも藩札の安定的な通用は実現せず、1832年には江戸・上方の借財の返済を一時的に停止する措置をとり、領民から米1万石と金5万両もの献金を課して正貨の蓄積に努めた結果、その後は藩札の価値が安定したという。

このように、藩札を財源とした場合であっても、その安定的通用のために上方金融商人の資力を仰ぐことはあり得た。高松藩の事例では、最終的に領内から正貨が準備されたとのことであるが、国産奨励の資金繰りを考える上で、藩札を通じて領内から資本が調達された、というだけでは不十分であることは、この事例を見る限りでも明らかと言えよう。

この問題に関連して、秋田藩の産物育成について検討した金森（2017）は注目に値する。ここでは、1826年から開始された秋田藩直営の養蚕事業について、その原資が加作を含む、大坂金融商人によって調達されたことが詳細に明らかにされている。加作らは、直接秋田藩の事業経営に参画したわけではないが、「元手」の拠出、追加的な資本投下を行い、紆余曲折を経ながらも、事業は一定の成果を上げている。

かつて大坂豪商は、さながら寄生虫のように領国経済の富を吸収する存在として描かれることもあったが（例えば中部（1975）など）、

金森（2017）という画期的な論文を得た今、産物奨励の資金繰りを再検討すべき段階に来ていると言えるだろう。

　もっとも、現段階では断片的な事例しか明らかにされていない。大坂商人の資本を活用した大名による産物奨励→民間の生産刺激→献金などを通して民富が藩庫に還流→それが大坂へ還流、という流れがより広汎に確認できれば、大坂豪商が得た巨額の利子収入の背景を説明できることになる。同時に、経済的な成長を享受できなかった大名の事例も蓄積されれば、その差がどこに生まれたのか、という興味深い問いかけも可能になる。

5　おわりに

　「はじめに」において、前近代の日本において金融市場の発展が語られる場合には、技術的達成が論じられる傾向にあったと述べた。江戸時代における金融市場の役割は、所詮、単純再生産のための資金繰りを行うこと、あるいは商品流通上必要な送金・決済を実現することであって、経済成長のための融資・資金調達を行うものではなかったと、経済史研究者の間で考えられてきたのではなかろうか。

　かく言う筆者も、堂島米市場の研究を大学院生の頃から続けてきたものの、堂島米市場において現金を調達した大名が、その現金を何に使ったのかを考えることはなかった。堂島米市場内部における取引制度の解明に意を向けるあまり、何のための金融か、という根本的な問いと向き合ってこなかったのである。

　言うまでもなく、日本の金融市場が、経済成長のための融資・資金調達が行われる場として躍動するのは明治以降である。しかし、

このことはそれ以前の時代において、金融市場がかかる役割を果たしていなかったことを意味するものではない。明治以降にゼロからイチへと変化したのではなく、経済成長のための金融が占める割合が、時代が下ると共に徐々に拡大していった、と理解するのが歴史認識としては妥当である。

そのことを示すために、最後に、大坂商人・草間伊助（1753-1831）が、熊本藩勘定頭の尾﨑藤市（1803年8月～1828年6月、1830年2月～1831年1月まで在職）に書き送った「むた言草」という書付を紹介したい[13]。

草間伊助（直方）は、10歳で鴻善に奉公に上がり、22歳で鴻池屋の別家・草間家の婿養子となり、鴻善本店にて大名金融に従事する傍ら、「鴻池屋伊助」名義での大名金融も展開し、複数の藩に対して財政に関する助言を与えていたことで知られる。熊本藩もその一つであり、「むた言草」は草間が大坂詰めの財務担当役人である尾﨑に対して、今後どのように財政を運営していくべきか、融資する側の立場から論じたものである。書付の作成年代について明記を欠

---

13) 現時点で原本の伝来が確認されていないが、写本が2種類存在していることが分かっている。一つは、熊本県立図書館所蔵「上妻文庫」所収「度支彙函」写本巻六に収録されている「大坂鴻池伊助むた言草」、もう一つは金沢市立玉川図書館所蔵「稼堂文庫」に所収の「むたこと草」（史料番号91.3.30）である。小室（2004）によってはじめて後者が紹介されたのだが、そこでは草間伊助の自筆本と紹介されている。この点について、近年前者の存在を紹介した伊藤（2018）は、前者・後者ともに写本であること、前者の方が写本としての質が高いことを示し、小室（2004）の自筆本との見解を否定している。本章では伊藤（2018）の見解に同意し、前者の写本に依る。

くが、1811年と比定される。

【現代語訳】

人間はもちろん、命あるものは、禽獣や草木をはじめ、みな生・死・病の三つから離れることはできません。これは当たり前のことですが、借金にもこの三つがあると考えるべきです。たとえば産物を生み出すための費用や、津波や洪水によって興廃した田畑を再開発する費用などは、たとえ10万、20万両かかったとしても、これらは「捨て金」ではなく、いわば「借金をしないための借金」というものであって、みな「生き金」です。また、臨時の費用、たとえば江戸幕府から「御手伝普請」を命ぜられる場合や、類焼被害などで江戸藩邸に損傷が発生した場合などに生じる費用は、いわば「病」によって仕方なく薬を服用するようなものです。全く無駄になるお金というわけではなく、また繰り返すものでもなく、事後の療治次第では快復できるものですから、まず「病」に喩えることができるでしょう。また、不要なものに金銀を出し、倹約を忘れて奢りを極めた結果、仕方なしに借りるお金は「死に金」です。こうした借金も、川に捨てるわけではなく、下々の者どもにとっては大事なお金でありますから、病と死のいずれでもないとは思いますが、大名方にとっては「病」であり、「死に金」です。こうした点を理解しないでおりますと、吝嗇(りんしょく)と倹約の違いも分からないことになります。とにかく倹約をして、吝嗇には陥らないようにしたいものです。「借金は借金をしないための借金である」といった場合、ただ金を活かして使うか、殺して使うかの差にあります。

第2章　日本経済の歴史と金融

【史料原文】
人ハ勿論、生あるもの禽獣草木はしめ、ミな生病死乃三ツを離るるものなし、是ハしれたる事なから借銭ニも此三ツ乃もの離レざるもおかし、たとへハ前に云産物小物成の入用、又ハ津なみ洪水などにて田畑荒廃せる、此起キ返シ開発などの入用等ハ、たとへ十万廿万両ありても皆捨タる金にてハ無之、いわゆる借銭をせん為の借銭にて皆生キ金ね也、又臨時の入用御手伝、類焼用などの借り入ハ病にて無余義薬を用ひねばならんといふやうなものにて、費と云でもなく捨るにもあらで、又二度とつづくものにもあらで、あとの療治次第にて快気ハできるもの也、先病ヒ也、又不用のものに金銀を出し、倹約を忘レ奢をきわめ栄耀にふけり物入多くして無余義する借銭ハミな死金也、右臨時栄耀に借ル借銭も、渕川へ捨るにもあらて皆下々へ融通なれは病・死のふたつにても先無之とおもへとも、其家其身にとりてハ皆是病也、死金ね也、是らを弁へなくてハりんしよくと倹約はわからぬ也、兎角倹約ハして吝嗇にハ落ぬやう有たし、借銭ハ借銭をせんための借銭といふは唯かねを生カして遣ふと殺シテつかふとの分別にあり

　この中で草間は、借金を三つに分類している。すなわち、（A）「借金をしないための借金」＝「生き金」（産物育成のための費用や荒れ地の再開発費用など）、（B）病にかかって薬を服用するような借金（江戸幕府から指名される御手伝普請や災害復旧など）、そして（C）贅沢のためにする借金＝「死に金」である。
　（A）は拡大再生産のための借り入れであり、現代の言葉で言う投資である。（B）は再生産を回復するための借り入れであり、これも一つの投資である。（C）は現代の言葉で言う消費（あるいは

浪費）であり、民間経済の活性化には繋がるが、その大名経済にとっては快楽・愉悦といった効用以外のプラスを生み出すものではない。

このいずれであっても、返済が滞りなく行われれば融資した金融商人には利が生まれるわけだが、草間は（A）を推奨している。なぜなら、より望ましい条件で融資を行うことができるのが（A）だからである（「借スものも引当ありて余徳あり」）。

長年、対大名金融の一線で活躍した草間の見解を踏まえるならば、経済と共に成長していく金融というビジョンが存在していたことは明らかである。つまり、金森（2017）が明らかにした秋田藩の事例は特異な例外ではないということである。

産物を生産するための資金を借り入れ、生み出された収益をまた次なる投資に回す。こうした金融活動が、江戸時代においてどの程度展開されたのか。この最も重要にして、これまで等閑視されてきた問題に取り組むことが、今後の近世日本経済史研究において大きな課題であり、同時に大きな楽しみでもある。

参考文献
石井寛治（2007）、『経済発展と両替商金融』、有斐閣。
伊藤昭弘（2014）、『藩財政再考―藩財政・領外銀主・地域経済―』、清文堂出版。
伊藤昭弘（2018）、「草間直方が語る大名貸の真実」、『佐賀大学地域学歴史文化研究センター研究紀要』第13号、1 -12頁。
岩橋勝（1981）、『近世日本物価史の研究―近世米価の構造と変動―』、大原新生社。
賀川隆行（1996）、『近世大名金融史の研究』、吉川弘文館。
笠松宏至（1983）、『徳政令―中世の法と慣習―』、岩波書店。

第 2 章　日本経済の歴史と金融

金森正也（2017）、「秋田藩の上方調達銀運用と館入：文政・天保期を中心として」、『日本史研究』、第664号、56-83頁。

木下光生（2017）、『貧困と自己責任の近世日本史』、人文書院。

小林延人（2015）、『明治維新期の貨幣経済』、東京大学出版会。

小室正紀（2004）、「大坂両替商草間直方における「融通」」、川口浩編『日本の経済思想世界—「十九世紀」の企業者・政策者・知識人—』、日本経済評論社、33-66頁。

作道洋太郎（1961）、『日本貨幣金融史の研究—封建社会の信用通貨に関する基礎的研究—』、未來社。

桜井英治（1996）、『日本中世の経済構造』、岩波書店。

桜井英治（2017）、『交換・権力・文化—ひとつの日本中世社会論—』、みすず書房。

高島正憲（2017）、『経済成長の日本史』、名古屋大学出版会。

高島正憲・深尾京司・今村直樹（2017）、「成長とマクロ経済」、『岩波講座　日本経済の歴史　第 2 巻　近世　16世紀末から19世紀前半』、2-22頁。

高槻泰郎（2012a）、『近世米市場の形成と展開—幕府司法と堂島米市場の発展—』、名古屋大学出版会。

高槻泰郎（2012b）、「幕藩領主と大坂金融市場」、『歴史学研究』第898号、68-77頁。

高槻泰郎（2016）、「金納御手伝普請にみる幕藩関係—寛政度御所造営に関わる熊本藩上納金を素材に—」、藤田覚編『幕藩制国家の政治構造』、吉川弘文館、126-152頁。

高槻泰郎（2018a）、『大坂堂島米市場—江戸幕府vs市場経済—』、講談社。

高槻泰郎（2018b）、「金納御手伝普請をめぐる熊本藩の対幕府交渉記録—天明八年「御用金一件」について—」、『永青文庫研究』創刊号、55-74頁。

谷啓輔（1994）、『金融約定成立史の研究—上方での両替取引に探る—』、

経済法令研究会。
中川すがね（2003）、『大坂両替商の金融と社会』、清文堂出版。
中部よし子（1975）、「寛政文化期大阪前期的資本と藩政改革―草間直方と肥後藩の場合―」、宮本又次編『上方の研究　第三巻』、清文堂出版、73-94頁。
中山富広（2008）、「地租改正における地価決定と収穫高―広島県恵蘇郡奥門田村を事例として―」、『地方史研究』、第58巻第6号（336号）、1-14頁。
西川俊作・天野雅敏（1989）、「諸藩の産業と経済政策」、新保博・斎藤修編『日本経済史2　近代成長の胎動』、岩波書店、173-217頁。
西向宏介（2006）、「近世後期の手形流通と両替商」、石井寛治・中西聡編『産業化と商家経営　―米穀肥料廣海家の近世・近代―』、名古屋大学出版会、431-460頁。
早島大祐（2018）、『徳政令―なぜ借金は返さなければならないのか―』、講談社。
廣岡家研究会（2017）、「廣岡家文書と大同生命文書―大坂豪商・加島屋（廣岡家）の概容―」、『三井文庫論叢』、第51号、303-394頁。
堀江保蔵（1933）、『我国近世の専売制度』、日本評論社。
堀江保蔵（1963）、『国産奨励と国産専売』、塙書房。
本多博之・早島大祐（2017）、「鋳造の自由と金融の自由」、深尾京司・中村尚史・中林真幸編『岩波講座　日本経済の歴史　第1巻　中世11世紀から16世紀後半』、91-145頁。
谷沢弘毅（2018a）、「歴史統計の推計方法に関する一考察―1人当たり実質GDPの事例―」、『商経論叢』、第53巻第3号、15-85頁。
谷沢弘毅（2018b）、「超長期GDP推計におけるデータ接続問題―高島正憲著『経済成長の日本史』の推計方法に関して―」、『商経論叢』、第53巻第4号、193-218頁。
安岡重明（1998）、『財閥形成史の研究〔増補版〕』、ミネルヴァ書房。

第3章　日本伝統社会からみた近代日本の経済発展

坂根　嘉弘（広島修道大学）

第3章　日本伝統社会からみた近代日本の経済発展

1　本報告の視点

　本報告の課題は、日本伝統社会の視点から日本の経済発展を説明することにある[1]。ここでいう日本伝統社会とは、江戸時代前期に成立する「家」制度と「村」社会を意味している。ともに他地域・国にはみられない日本独特の社会制度である。本報告では、日本的な「家」制度や「村」社会がいかなる意味で日本の経済発展を支えたのかを述べることになる。報告者がこの視点の重要性を認識したのは、分割相続地帯で「家」「村」が成立していなかった鹿児島地域の検討（坂根（1996））を通してであった[2]。

　日本独特の社会制度である「家」制度と「村」社会は、これまで日本社会の遅れた部分を象徴するものとして厳しく批判されてきた。「家」や「村」は、封建的、半封建的、前近代的、非民主的のレッテルをはられ、一刻も早く解体・排除されるべきものとされてきた。とりわけ、わが国の伝統的な近代主義（丸山政治学、大塚史学）や講座派マルクス主義は、民主化や近代化の障害物として伝統的な「家」や「村」を格好の批判対象にしてきた。そのため、伝統的な「家」や「村」を経済発展とのかかわりでとらえる姿勢は、ほとん

1）本報告に関係する論稿は、坂根（2011）、坂根（2014）、坂根・有本（2017）、有本・坂根（2017）である。
2）坂根（1996）は、「家」「村」が成立していなかった分割相続地帯である鹿児島地域（旧薩摩藩領）を、日本の他地域との比較を念頭に分析したものである。鹿児島地域の「家」「村」不成立には薩摩藩独自の支配方式である外城制度と門割制度が関係している（坂根（2018））。

どみられなかった。「家」「村」を分析の視野外におくのが一般的であった。本報告では、伝統的な「家」「村」が日本の経済発展にとって重要な役割を果たしていたことを主張することになる。

同時に、伝統的な「家」「村」を分析の視野外に置くという姿勢は、分析手法においても大きな問題を生み出すことになった。とりあえずここでは、その一例を以下で示しておこう。

戦後、マルクス主義の影響下、農民層分解論は一つの花形分野をなしてきた。たとえば、『昭和後期農業問題論集』全24巻（近藤(1982-1986)）のうち2巻が農民層分解論にあてられているほどである。もともとマルクス主義の農民層分解論は、イギリスの三分割制（地主・農業資本家・農業労働者）を理想像とし、経営階層間の生産力格差・競争（大規模の優位）による資本家経営と農業労働者への分解（農業の資本主義化）を想定していた。

これまでの農民層分解に関するおびただしい論稿は、その理想像にいかにしてどれぐらい近づいたかを競うように追究してきた。それを確認する基本的手法は、時系列で経営規模階層の増減を観察することであった。その暗黙の前提は、それぞれの経営が分裂せずに連続しているということであった。農業経営が何らかの外生要因で分裂・変動しては、生産力格差・競争による分解にならないからである。日本のような単独相続社会では個々の農業経営の連続性が確保されるので農民層分解も検討の余地はあるが、問題は分割相続地帯である。分割相続地帯では、世代交代ごとに経営分割が繰り返される。世帯ごとに相続人数は違うし、相続時期も異なる。それぞれの農家の個別事情も加わる。これらを統計上コントロールすることは不可能である。分割相続という外生要因が分解を攪乱しているのであるから、それをコントロールできない以上、農民層分解論にお

第3章 日本伝統社会からみた近代日本の経済発展

ける本来の意味での検討(生産力格差による分解)は出来ないということになる。可能なのは、それぞれの時点での各階層の割合の確認のみである[3]。

この問題性は、日本と分割相続地帯(あるいはその地帯を含む地域)を比較検討した際に顕著に現れる。栗原(1943)は中農標準化論の元祖本であるが、このなかで栗原は、日本の農民層分解と分割相続地帯の中国あるいは分割相続地帯を含むドイツやフランスなどのそれとを比較し、中農標準化の証左としようとしている。栗原は、その検討に際し、相続の差異をまったく顧慮していないのである。栗原の検討は、分解を攪乱する外生要因を考慮しておらず(分割相続による攪乱をコントロールできておらず)、農民層分解論としては意味をなさない[4]。前掲『昭和後期農業問題論集』所収の花形論文を含め、この誤りに誰も気が付かなかった。相続を軽視・無視してきたことが、このような結果を招いたのである。

さて、本報告では、「日本の経済発展をどうとらえるか」という本シンポジウムのテーマとの関連で、日本の経済発展を分析する際に「家」制度と「村」社会を分析視点とすることの重要性を提起したい。以下では、それが経済発展にいかなる意味を持つかを示していくことになる。

その際留意したいのが、途上期の日本経済という視点である。第

---

3) 旧来の農民層分解論は、開発経済学などで議論となっている経営規模と生産性の逆相関に関わっている。逆相関が生じる経済論理とその実証課題については有本・藤栄・仙田(2017)を参照のこと。
4) 堀報告の表2は、日本と分割相続地帯の朝鮮、台湾の農民層分化とを比較し、中規模層増加の共通性を示しているが、同様の問題を孕んでいる。逆相関が生じる機序をそれぞれ検討する必要がある。

1　本報告の視点

1は、現代の発展途上国を念頭に近代日本経済を検証してみる、という視点である。明治・大正期の日本経済は、発展途上期にあった。現代の途上国の抱える問題には途上期日本と共通なものが多い。問題発生の背後には、政府機能、社会関係（共同体）、非対称情報など双方に同じ経済メカニズムがはたらいている場合が多い。開発経済学の側からは日本がどのようにそれらの問題を解決してきたかを知ることにより具体的なヒントを得られるし、経済史の側からは近代日本がうまくそれらの問題を解決してきた理由を知ることができる。それは何か、がここでの問題であり、本報告の主内容となる[5]。

　第2は、近代日本において経済発展を促す仕組みをどのように作ってきたのかという点である。つまり、生産への誘因の仕組み（インセンティブの構造）、取引コストの削減、効率的な経済の仕組み、これらの機序を近代日本農業に則して明らかにしたいということである。従来の経済史は、新技術導入や技術革新に経済発展の動因を求める傾向が強かったが、本報告では制度としての社会関係に着目することになる。

　開発途上期における農業部門の役割は大きくは3つある。①食糧の供給、食糧自給の達成、②工業部門（非農業部門）への資金、労働力の供給、③農村問題の解消（日露戦後の難村問題、小作争議など）である（坂根・有本（2017）；有本・坂根（2017））。これらすべての前提になるのは、農業生産力の発展である。この報告では、農業生産力の発展に焦点を絞り、「家」制度や「村」社会と近代日本の農業発展とのかかわりを述べることになる。キーワードは、信頼と

5）開発経済学と日本経済史との共同作業が、有本・小島・高橋・松本・坂根・斎藤・塚田・重富（2017）である。関連して、有本（2018）を参照いただきたい。

協調である。

2 「家」制度による農業発展

(1)「家」制度による増産誘因と取引の安定性

　日本の小農経営が強靭である理由の一つが「家」制度によるというのが、本報告の主張である。
　まず、日本の長子単独相続がアジア社会の中で特異なものであることを確認しておこう。表1が、近代以降のアジア各地域の財産相続の状況を示したものである。アジア社会の中で単独相続は日本のみである。日本でも、鹿児島、奄美、沖縄は分割相続地帯である。日本も中世までは分割相続であったが、江戸期前期に「家」制度が普及し、長子単独相続へと移行した。もっとも同じ分割相続でも、出自集団が存在する地域（中国、朝鮮など）と双方社会の他地域（東南アジアなど）とは族制は大きく違うのであるが[6]、ここでは財産相続、つまり単独相続か分割相続かの点に着目して議論を進めたい。まずは、日本の「家」制度が、分割相続地帯との対比で、農業経営の発展（とりわけ増産誘因と取引の安定）に如何に関わったかを4点にわたりみておきたい。
　第1は、「家」永続への希求が日本農民の独特の生活態度、道徳態度を生み出した点である。日本の「家」制度の特徴は、農民が長

6）この点は、民族学・社会人類学の問題領域になる。本報告の論旨展開上不可欠ではないので略したい。詳しくは、坂根（2011）を参照いただきたい。

表1　アジアにおける財産相続（近代以降）

中国	朝鮮	日本				東南アジア
		右記地域以外	鹿児島	奄美	沖縄	
男子分割相続	男子分割相続（長男優遇）	長男単独相続	男子分割相続	男子分割相続（長男優遇）	男子分割相続（長男優遇）	男女分割相続

（出典）坂根（2011）、52頁。表1-1（52頁）を改変。

男単独相続を基盤に「家」の永続を希求し、あらゆる努力を払いそれを実行したところにある。農民のすべての行動は、「家」永続を基準にしており、それによって家業（農業）や家産に対する独特の生活態度、道徳態度が生み出されていった。

それは、江戸期以来の日本農民の基本的な生活態度として、たとえば日常的な土地愛撫としてあらわれた。用水路の小修繕、田畑の草引きや石とり、畔の修繕、草木のすきこみ、農道の修繕など小さな努力の日々の繰り返しである。このような毎日の小さな土地愛撫が、長い年月、世代を超えて積み重ねられていくのである。この世代を超えた膨大なエネルギーが、小農経営を強化する役割を果たしたことは間違いないだろう。このような農民行動は同時に、勤勉、倹約、正直、忍従、謙譲といった勤労道徳を生み出していった[7]。それによる自己規律、自己鍛錬が農民を律していたのである。それは、上記の生活態度を内面から支えるものであった。以上の如き「家」永続を基準にした「家」インセンティブは、農民の農業経営に強い規律を付与することになったのである。

7）寺西（2018）は、勤勉、倹約、正直を三本柱とする通俗道徳の淵源は、儒教ではなく、鎌倉新仏教における易行化の下での大乗仏教の廻向にあるとし、従来の通説を排している。

第3章　日本伝統社会からみた近代日本の経済発展

　第2は、単独相続による経営体としての連続性、特に世代交代における連続性である。単独相続であるから、先代までに蓄積された動産・不動産、技術、知識、経験、人間関係などすべてを1人が引き継ぐのである。商家でいう「のれん」の継承をイメージすると分かりやすい。つまり、目に見えない収益力（信用、ブランド）も含めて1人が継承するのである。これらが世代交代ごとに分散する分割相続と対比すると、そのアドヴァンテージの大きさが理解できるであろう（たとえば「のれん」の分割は「のれん」の収益力を大きく棄損する）。「家」制度では、「家」は父祖から受け継いだものであり、子々孫々に受け渡していかねばならぬものと認識されていた。したがって、伝来の家産は、時々の家長が自由に処分できる対象ではなく、一時的に預かっているもの、次世代への預かり物として受け渡していかねばならないものと考えられていた[8]。

　第3は、世代を超えた長期的計画的な投資が可能であった点である。「家」制度下では、長期の資本回収を見込んだ投資を行うことが一般的であった。たとえば、孫や曾孫の代までの資本回収や孫や曾孫の代に花開くような植林といった長期にわたる世代を超えた設計が可能であった。これに対し、分割相続社会では、世代交代ごとに経営が分割されるため、安定的な経営の未来像を描くことが難しく、長期投資は抑制的にならざるを得ない。そう遠くない将来、自分の経営がどうなるのか、確たる見通しが立たないためである。

　第4は、「家」と「家」との間の取引の安定性である。「家」は「家」永続の下で、長期にわたり系譜的に固定する。その「家」の

8）近代日本の財閥は家族・同族への凝集力が強かったが、分割相続が通常の韓国では世代交代時に財閥の分裂がみられた（現代財閥など）。「老舗」が日本に多いことについては、野村（2006）を参照。

固定性（それによる面接性と信頼性の高さ）と「家」永続に起因する規律ある行動は、農民の機会主義的行動を抑制し、安全な取引を実現する。たとえば、農村社会における金銭貸借は、上位権力による司法制度によらずとも安定的な遂行が可能であった。司法機能は一部のもめごとに介在するにとどまった。取引統治が可能な「村」社会というのは、世界誌的にみて驚くべきことである。以上のことは、農村における様々な経済取引において、その取引コストの削減を可能にした[9]。

（2）「家」に基づく経営の柔軟性

最後に、「家」に基づく経営の経営体としての柔軟性について触れておきたい。日本の「家」制度では、家長の強制的な隠居や跡継ぎとしての嗣子を廃嫡することが可能であった。いずれも経営の後継ぎとして不適格と家族・親族が判断した場合、適格者に経営を継がせることが出来たのである。商家における放蕩息子（嫡男）の廃嫡を思い浮かべてもらうと分かりやすい。その際、跡継ぎとなる適格者（養子など）は、非血縁者でもまったく問題なかった。この点が「血のつながり」にこだわらない他人養子が可能な「家」制度の特徴である。大坂商人は跡継ぎについて、「息子は選べんが、婿は選べる」と言ったという（松井（2010）、102頁）。このことは、この事態をよく表している。世代間での「血のつながり」よりも、系譜的なつながりに絶対的価値を置いたのが「家」制度であった。「血

9）日本農民の自己規律ある行動規範や道徳律が取引コストを削減することについては、寺西（2018）にも指摘がある。

のつながり」にこだわらない日本の「家」制度は、経営に経営体としての柔軟性をもたらしたのである。

3　信頼関係と地主制

（1）日本の「村」社会（信頼と協調）

　日本の「家」は固定的であった。系譜的に固定的であると同時に、地域的にも固定的であった[10]。この長期固定的な「家」は、「村」社会の構成員であった（百姓株などと表現される）。この「村」社会の構成員（村人）が何世代にもわたり同じ村領域を舞台に生産・生活を営むことになるのであるから、長期にわたる固定的構成員の間には、生産・生活をめぐる様々な関係が累積され（「村」社会の慣行や規範の形成）、高い信頼関係が醸成されていった。村人たちはそのような慣行や規範に従い、協調的・自己抑制的に行動した。こうして取引統治が可能な「村」社会、情報の非対称から生じる取引コストを削減しうる「村」社会が生まれたのである。

　たとえば、新潟県のある地主は、次のように述べる。地主と小作人との関係は「幾十代」のもので、「地主モ亦代々小作人ニ接触スルヲ以テ両者ノ情誼ハ……深クシテ濃カナル因縁」、「地主ト小作人トハ共ニ数百年父祖相承ケテ一郷ニ土着セルモノナレバ其情誼ノ濃醇ナルコト」（新潟県農会編（1921）、15頁、45頁）。実際に「幾十代」、

10）固定的といっても、まったく変動がなかったわけではない。農地・農家の流動性が大きい分割相続地帯を念頭においた相対的表現である。

「数百年」の関係であったかは別にして、ここではそのように観念するほどに村人間は「情誼ノ濃醇ナル」関係であったことをみておきたい。

以上を前提に、本報告では、日本の地主制（地主小作関係）を事例に、「家」制度や「村」社会による信頼と協調がいかなる役割を果たしてきたのかをみておきたい。

　　（2）日本地主制の成立

地主制は、土地を持つ地主と土地を持たない小作人が存在すれば、どこでも発達するわけではない。地主制の発達には、二つの条件が必要である。一つは、小作料を安定的に納めることができる小作人の農業経営が成立していることである。これは技術面や生産力に関わる側面である。いま一つは、小作地を安心して貸し出せるかどうかである。小作人が小作料を支払わない、小作地を荒らすといったことが予期できると、地主は小作地の貸し出しに躊躇する。つまり、地主の懸念を払拭するような関係、小作人のモラルハザードを抑制する関係が存在するかどうかである。これは、経済主体の行動制約、制度といわれる側面に関係する[11]。従来の農業史研究では、マルクス主義の影響もあり、もっぱら前者の技術面に関わる研究が積み重ねられてきた。後者の制度は、ほとんど顧慮されてこなかった。本報告で「村」社会との関連で問題にしたいのは、後者の制度に関わ

11）制度（institution）を、Northは「社会におけるゲームのルール」「人々によって考案された制約であり、人々の相互作用を形づくる」ものと規定し、Greifは「技術以外の要因によって決定される自己拘束的な行動に対する制約」と定義している（岡崎・中林（2001）2-3頁）。

る社会関係（共同体）である。

　本報告の主張は、「家」制度や「村」社会が地主小作双方に対する行動制約、規律づけとして機能し、地主制の安定的成長を支えたのではないかということである。農民間の信頼関係が地主や小作人の機会主義的な行動を抑制し、非対称情報による取引コストを減じたのではないのかということである。

　この点の重要性を理解するには、民国期中国の地主小作関係との比較が有効である。分割相続地帯の中国では、農地や農民の流動性が高く、農民間に社会的な関係が蓄積されにくかった。農民間の信頼関係が弱く、地主による小作料徴収が不確実な状況が生じていた。その不確実性をカバーするため、小作契約時に保証人をおく慣習や小作料を前納させる、敷金をとるといった慣行がみられたのである。

　村松祐次氏はこのような民国期中国の経済社会を次のように総括している。「経済主体を規律づける自己拘束的な制約が統治、身分、伝統のいずれによっても与えられておらず、その点で自由競争的であり、したがって経済取引を安定化させるために何らかの私的保証が必要となる」（松村（1949）、178頁）。つまり、経済主体を規律付ける自己抑制的な行動制約が十分に機能しておらず、それをカバーするために何らかの私的な保証が必要になるというのである。それが、地主小作関係では小作契約の保証人、小作料の前納、敷金として現れたのである。さらに中国では、小作料徴収を確実なものとするために、職業的代徴組織（租桟）が発達していた。小作料徴収をビジネスとする業者である。地主から小作料の徴収を請け負った租桟は、公権力と一体となって小作料の徴収を行った。このように民国期中国では、農民間の信頼関係の弱さがあらゆる部面で取引コストの高騰を生んでいたのである[12]。

これに対し日本では、小作料の前納や敷金はみられず、ましてやビジネスとしての小作料徴収組織は存在しなかった。その必要がなかったからである。それを支えていたのが「家」制度や「村」社会であった。

前述の二つの条件を満たしていた日本では、地主制は、江戸時代から徐々に発達していった。特に、明治以降、地租改正など一連の事業によって、国家の保護のもとで土地所有・取引（売買・担保）の法的安全性が確保され、かつその円滑性（取引コストの削減）が格段に高められた。これにより、地主制は急速に発達した。これを後押ししたのが、明治期における米価の地価に対する相対的な高価であった。小作地率をみると、明治初年の30％程度から1907年（明治40）には45％と急増した。小作地率のピークは1929年（昭和4）の48％だったから、明治期に急拡大したことが分かる（坂根・有本（2017））。

（3）小作慣行と民法

残余制御権と残余請求権の束を所有権とみるならば[13]、所有権配分のありようは農地への投資と増産インセンティブに大きくかか

---

12) 新聞報道によると現在の中国社会でも同様の事態がみられるようである。浙江省杭州市では、図書カードを作る際に保証金が必要だという（『朝日新聞』2018年12月23日）。

13) 残余請求権とは契約に定められた債務をすべて履行した後の残り、要するに利益を受け取る権利を、残余制御権とはその資産の利用において契約に書かれておらずかつ法が禁じていないあらゆる自由が認められることを指す（中林（2010））。

第3章　日本伝統社会からみた近代日本の経済発展

わってくる（坂根・有本（2017））。民法並びに日本の小作慣行における所有権の配分は表2のようになる。民法では、普通小作などの土地賃借権は債権に入っており（永小作権は物権）、そのため更新・解約の自由、債務不履行に基づく解除、譲渡・転貸借の自由、小作料減免請求権などにおいて賃借人が劣位におかれる場合が多かった。もっとも、これらは近代民法の通例の形であり、日本の民法が近代的所有権や賃借権に関して特別であったわけではない。注意すべきは、この民法の規定が実際の土地賃貸借（地主小作関係）を支配していたわけではない点である。土地賃貸借に関する民法の規定は任意規定であるから、実際の小作契約を支配しているのは民法ではなく、現実の小作慣行であった（民法第92条）。小作慣行は長年の地主小作間の信頼と協調のなかから生み出されてきたものであった。実際の地主・小作間の所有権配分は、現実の小作慣行をみなければならないことになる。

さて、表2の日本の慣行が現実の所有権配分を示している。これは、農林省が市町村を単位に行った全国の小作慣行調査をまとめた農林省農務局による『大正元年小作慣行調査』（農地制度資料集成編纂委員会（1970））と『大正10年小作慣行調査』（農地制度資料集成編纂委員会（1970））に依拠したものである。

表2によると、残余制御権、残余請求権とも比較的大きな権限が

表2　戦前期日本に

残余制御権
作付品目の決定
営農方法の自由
小作期間
更新、解約の自由
小作権の相続
債務不履行に基づく解除
第三者対抗力
譲渡、転貸借の自由
残余請求権
残余請求権
小作料の決定
小作米の質
小作料減免請求権

（出典）坂根・有本（20
（注）1．民法は啓法会
　　　　地制度資料集成
　　　2．表中の注は以
　　　　えることはでき
　　　　義務は相続に依
　　　　は現行民法の解
　　　　料減免について
　　　　を控除した純収

3 信頼関係と地主制

おける農地所有権の制度と実態

民　　法		日本の慣行	
権利者	根拠	権利者	根拠
規定なし		耕作者○	地主による作付品目指定はみられない
規定なし		耕作者○	地主による営農方法の命令指導はまれ
耕作者△	20年を越えられず（更新可。604条）*1	耕作者○	無期限の継続小作
所有者○	不定期小作・1年前の告知で可（617条）	所有者×	無期限の継続小作（地主の自作時を除く）
耕作者○	土地賃貸の承継（1001条）*2	耕作者○	家産として承継
所有者○	滞納などで解約可（541条）	所有者×	滞納による解除は一般的でない
所有者○	対抗要件は登記、小作人に登記不可（605条）	耕作者○	売買は賃貸借を破らず（新地主の自作時を除く）
所有者○	譲渡・転貸借禁止（612条）	耕作者×	譲渡・転貸借は一般的でない
規定なし		耕作者○	現物定量小作料
規定なし		所有者△	「村並み」の小作料。理由なき小作料の引き上げは困難
規定なし		所有者△	米穀検査開始後は、納入小作米の品質を指定
耕作者△	収益≦小作料の場合に限る（609条）*3	耕作者○	2割減収程度で減免開始。協調的な減免

17)、表3-2（158頁）。表3-2を若干改変した。
編輯部（1934）、啓法会編輯部（1935）などの民法解説書を参照。日本の慣行は農編纂委員会（1970）による。
下。　*1「処分ノ能力又ハ権限ヲ有セサル者カ賃貸借ヲ為ス場合」は5年を超ず（更新可。602条）。*2 ただし、「民法の規定に依り賃貸借に基く一切の権利り当然承継せらるが如きも、小作人の死亡に依り小作契約終了するや否かに付て釈上疑義なきに非ず」とされている（吉田（1939）、73頁）。*3 民法609条の小作は、収益は粗収益（総収穫）とみなすのが通説で、粗収益から耕作に要した費用益とするのは少数派（久間（1939）など）。

小作に配分されていることが分かる。残余制御権でみると、営農の自由は小作人にあり（刈分小作を除き地主の小作経営への関与はまれ）、事実上の期限なしの小作を認められ（長期の小作期間）、第三者対抗力も保持していた（ただし、地主・新地主の自作は「村」社会で是認

されていた)。残余請求権では、現物定量小作料で、かつ2割の減収程度での減免請求権をもっていた（後述）。小作料水準はだいたいの「村」の相場があり、個別地主の機会主義的行動を抑制していた。このように日本の小作人は、比較的大きな所有権の配分を受けていたのである。賃借人は所有権配分が大きいほど利得拡大への強い誘因を持つことになるから、日本の小作人はリスクを引き受けつつ利得の拡大に強い誘因を持つことになった。

小作人への残余制御権、残余請求権の大きい配分は、小作人の耕作意欲に大きな誘因を付与する。ここでは、2点指摘しておきたい。

第1は、定量小作料のため小作人の努力による増産分は、小作人の手元に残ることになった点である。小作人は、少しでも多くの増収分を獲得するために、最大限の努力を払うことになる。その増産誘因は大きく、小作地の生産性を高める基本的な要因となった。ただし、定量小作料であったため、収量変動のリスクは小作人が負うことになった。それを緩和したのが、小作料減免制度であった。これも日本の特徴である。この制度により、小作人は増産誘因を保持しつつ、生存保障を得ることができた。小作料減免制度が成立するには、減免行為にかかる取引費用を低く抑えることが必要であった。この減免付定量小作料を実現したのが日本の「村」社会であった（坂根・有本（2017）；有本・坂根（2017））[14]。

第2は、小作期間の長期性である。たとえば、農民間の信頼関係が弱いアジア諸地域では、地主小作関係は一期作や一、二年間とい

---

14) 減免付定量小作料制を地主側からみると、増産時には小作人だけ得をして、減産時には損失を分担させられるという、増産時・減産時ともに「損」をするという感覚になる。日本の「村」社会は、地主にそれを甘受させた。

う短い期間になる傾向がつよかった。これは地主が小作人の行動を読み切れないため、小作人の機会主義的行動（小作料滞納など）を抑制するためにとった対応策

表3　自作・小作の生産性（反当り）

			反当収量 (A) 石	労働日数 (B) 日	A／B
帝国農会調査	1922〜26年	自作農	2.50	21.58	0.116
		小作農	2.50	22.14	0.113
	1937〜41年	自作農	2.43	20.72	0.117
		小作農	2.41	19.82	0.122
農林省米穀局調査	1933〜37年	自作農	2.43	20.54	0.119
		小作農	2.39	20.28	0.118
	1937〜41年	自作農	2.53	18.97	0.133
		小作農	2.48	18.73	0.132

（出典）農林省統計情報部編（1971）。
（注）調査対象農家は上層農民、その偏りは排除できない。

であった。これに対し、日本では小作期間は極めて長期であった。岡山県の小作期間についての調査では10年以上76％、30年以上36％と、3分の1が30年以上という長期であった（坂根（2011））。そのため、たとえば、新潟県のある地主は、小作人は数十年来、数代にわたり小作を続け「殆ンド自己所有地ノ如ク耕耘シ」ていると述べているし（新潟県農会（1921）、24頁）、ある広島県行政村の調査書も「小作者ノ如キ一度小作ノ権利ヲ得ンカ永久的ノ利権ト心掛ケ、恰カモ自己所有ノ土地ト選ブ所ナク」（常金丸村（1936））と記している。長期小作であったため、小作地を小作人の自己所有地とする認識が広くみられるのである。グローバルにみても日本ほど長期の小作期間を実現した地域は見当たらない。この世界的にも稀な小作期間の長期性は、農業生産力の向上に大きく寄与した。短い小作期間は小作人に掠奪農業への誘因を与えるが、長期の小作期間は小作人に長期的見通しのもとでの土地改良投資の誘因を付与するからである[15]。

---

15) 一般に灌漑排水、井堰など大きな工事・修繕費は地主が、小工事・小修繕費は小作人が負担した。

近代日本では、自作農と小作農の生産性がほとんど同等であったことが指摘されている（有本・坂根（2017）など）。表3をみると、自作農と小作農の反当収量、労働日数、労働生産性（反当収量/労働日数）でほとんど格差がない[16]。指標によっては、小作農の方が高い場合もある。このような状況になるのは、定量小作料による増産誘因や小作期間の長期性が関係しているのではないのか、というのが本報告で強調したい点である。

（4）小作立法と小作慣行

大正後期になると、小作争議の頻発とともに、農商務省（農林省）から小作立法が提起されるようになる。従来の小作立法についての評価は、半封建的な地主制のもとで無権利状態に置かれている小作人を保護・救済する、というスタンスであった。上述のように、日本の小作慣行をみると、比較的強い残余制御権と残余請求権が小作人に配分されていた。これを前提とすると、大正後期から本格化する小作立法に対する従来の評価も再考をせまられることになる。

また、従来の研究では、小作農民から小作立法への強い要求があったように叙述されるのが一般的であったが、これも再考する必要がある。その要求は、もっぱら農民組合運動のものであり、小作農の素朴な生活安定や自作農化への希求に根差したものではなかった。もともと小作人には比較的多くの所有権配分がなされており、小作農民側の強い世論として小作立法への要求が出る余地は小さかったとみるべきであろう。

16）表3の調査対象農家は上層農家である。そのバイアスが存在するが、他に資料がない。

3 信頼関係と地主制

　小作立法は3度にわたり試みられた。第1は、小作制度調査委員会での検討である。1920年（大正9）1月に、小作制度の調査審議機関として農商務省内に小作制度調査委員会が設置された。1921年（大正10）の小作慣行調査はその一環である。これらの活動のなかで、小作法案研究資料が作成され、本格的な小作立法の検討に踏み出した。第2は、小作調査会（1926年設置）による小作法案の審議立案である。小作調査会は小作法要綱を作成し、農林省はそれを受けて作成した小作法案を1927年（昭和2）に内閣に提出した。内閣交代でこの小作法案は挫折したが、その後、農林省は1927年3月に小作法草案としてそれを公表した。当時、小作立法として一般によく知られたのがこの小作法草案であり、現場の小作調停作業でも参照されることが多かった。第3は、浜口内閣（社会政策審議会、小作調査会）による小作法案の作成と第59議会への提出である。浜口内閣の掲げた社会政策方針とよくマッチしていた。議会では、衆議院は通過したが、貴族院で審議未了となった（以上、農地制度資料集成編纂委員会（1968））。

　このように小作立法の企図はいずれも頓挫したのである。以上のうち、第1の小作制度調査委員会のものが、その後の小作立法のなかで「最も革新的」と評されているが（小倉（1951）、330頁）、ここでは最も人口に膾炙した小作法草案（農地制度資料集成編纂委員会（1968））を素材に、小作慣行（表2）との関連をみておきたい（もっとも、以下で検討する論点は、概ねいずれの小作立法に共通する条項である）。

　小作法草案（全76条）の重要な条項は、①登記がなくても小作地の引き渡しをもって第三者対抗力を認めること（第4条）、②小作地の譲渡は地主の承諾が必要であること（第5条）、③地主が小作

第3章　日本伝統社会からみた近代日本の経済発展

地を売却する際には、小作人との協議が必要であること（第6条）、④小作料全額の1年以上の小作料滞納で小作契約解除（第16条）、⑤小作契約解除の際は小作料全額の1年分以下の作離料の支払いを義務化（第23条）、⑥小作地の転貸は地主の承諾があっても不可（第31条）、⑦小作料減免時の詳細な規定（第42条-第53条）である。

①の小作地の引き渡しによる第三者対抗力の付与は、民法を大幅に修正した部分である。民法では普通小作は債権に入っており、地主が小作契約を登記しない限り第三者対抗力は生まれなかった（かつ小作人に登記請求権はなかった）（民法第605条）。しかし、小作慣行では「売買は賃貸借を破らず」が一般的で、事実上、小作人は第三者対抗力をもっていたのである。その意味では、小作慣行の追認であった。

②の譲渡と⑥の転貸については、もともと民法では地主が承諾した場合以外は禁じており（民法第612条）、こちらは民法の再確認であった。かつ、譲渡・転貸とも小作慣行でも一般的ではなかった。したがって、こちらも小作慣行の追認ということになる。ただ、譲渡については、慣習ある場合は慣習に従うという但し書きが付いており、小作争議などで小作権譲渡が広がりつつあった現状を追認する意味合いは存在した[17]。

③の小作人の先買権であるが、この事例については小作慣行の調査が存在しない。ただ、小作地売却の際に小作人に通知すべきことは、「情誼上当然ナリトシテ」地主側も是認していた（農地制度資料集成編纂委員会（1968）、975頁）。その意味では、現状の追認であっ

17）転貸は、中間リベートをとる層が出現する可能性があるため、禁止であった。

3 信頼関係と地主制

たとみなせよう。

④滞納による小作契約解除の規定をみよう。④は解約原因としての小作料滞納額に一定の制限（小作料全額の1年以上の滞納）を設けたもので、僅少なる滞納でも解除が可能であるという民法（第541条、第415条）を修正する意図があった。小作慣行では、小作料滞納による契約解除は一般的ではなかった。通常は、貸金に改める、未納小作料として取り立てる、保証人に支払わせるという形で処理し、滞納による契約解除という事例は稀であった（農地制度資料集成編纂委員会（1968）、982頁）。もともとこの条項は、小作争議に際し地主が僅少の小作料滞納でも土地取り上げを提起することに対する対応策の意味合いが強かった。したがって、運用次第では現実の小作慣行よりも小作人の残余制御権を制約する可能性があった。

次に、⑦の小作料減免に際しての規定である。小作料減免については、収益≦小作料の場合に限るという民法第609条が存在したが、小作法草案では、この第609条を修正する内容は盛り込まれず、たとえば収穫着手の15日前に申し出るとか、小作官の立会とか、手続き上の詳細な規定が入っていたにすぎなかった。言うまでもなく、小作慣行では小作料減免が行われていた。小作法草案では、各地方で実施されている小作料減免慣行以外の新たな規定が入っており、むしろ、従来の小作慣行による小作料減免行為を制約する側面があったと思われる。

このように小作法草案は基本的には小作慣行を追認するものといえるが、他方では小作慣行よりも後退する側面（残余制御権、残余請求権を狭める側面）を持っていた。その意味で、小作立法は小作慣行との関連では両義的であった。

なお、小作料問題（小作料水準）が上述の一連の小作立法に盛り

こまれてこなかった点には注意しておきたい。小作委員会（小作法草案第49条）は構想されていたが、小作料問題を扱う制度としての構想で、現実の小作料分配に踏み込んだものではなかった。小作料水準への公的介入は小作立法事業のなかで議論されはしたが、具体化はしなかった。その後も小作料統制令（1939年）までは、「村」社会にまかせられたのである。

（5）農地調整法と小作慣行

　本格的な戦時農地立法としての農地調整法は、①自作農創設維持事業の拡充、②農地賃借権の強化、③小作調停制度の拡充、④農地委員会制度の創設、の4点の特徴をもつ。1938年8月1日から施行された。従来の農地立法との関連で注目すべきは、②農地賃借権の強化と④農地委員会制度の創設であろう。②、④とも従来の小作立法事業で検討されてきたが、農地調整法で初めて実現した。

　②農地賃借権強化の内容は、農地の引き渡しと同時に第3者対抗力を付与する点（第8条）と小作契約解除の制限（第9条）である。この点は、小作立法事業以来の農林省の宿願であったから、従来の研究でも注目されてきた。しかし、前述したように、小作契約の第三者対抗力やむやみに小作契約を解除しないということは、小作慣行で実現していた内容であり（小作慣行の追認）、ことさら称揚すべきことでもなかった。

　④農地委員会制度の創設は、たとえば小作法草案における小作委員会としても構想されたことのある制度である。これも農地調整法で公的制度として初めて実現した。これは各市町村に設置された農地委員会が、それぞれの地域の実情に合わせて小作関係・農地利用

関係の調整を行うというもので、いわば「村」社会による小作関係・農地利用関係の調整を公的に制度化したものであった。したがって、これも各地域の小作慣行を前提とした制度であった。

このように小作立法・農地立法事業は、必ずしも小作人の所有権配分を拡大するという意味をもったものではなく、長年の地主小作間の信頼と協調によって生み出されてきた小作慣行に合わせる（一部、小作人の残余制御権・残余請求権を狭める可能性もあった）という色彩が強いものであったことになる[18]。

4 近代日本農業発展の論理

ここでは、近代日本農業発展の論理を、労働生産性、土地人口比率、土地生産性でみておこう。労働生産性（生産額/農業就業人口）＝土地人口比率（耕地面積/農業就業人口）×土地生産性（生産額/耕地面積）であるから、その伸び率は、労働生産性伸び率＝土地人口比率伸び率＋土地生産性伸び率となる。以下、この視点から近代日本農業の発展論理をみておきたい（渡辺（1986）；速水・神門（2002））。

---

18) 植民地期朝鮮では農地令（旧称：小作令）が成立し施行された（1934年10月）。日本で小作法が実現しなかったことと対比して、朝鮮農地令が「進歩的」であるといった議論がなされたことがある（宮本（1974）、33-34頁）。朝鮮で農地令が成立した大きな要因は、もともと朝鮮の小作慣行では、小作人への残余制御権・残余請求権の配分が小さく（朝鮮総督府（1932）など）、農地令の必要度が大きかったからである。

第3章　日本伝統社会からみた近代日本の経済発展

近代日本農業の主要指標の動向を示したのが、表4である[19]。農業就業人口はやや減、耕地面積や稲作（玄米収量）・農産物実質生産額は増加を示している。稲作や農産物実質生産額の増加率は、1.1〜1.5％

表4-1　日本農業生産（5か年移動平均）

	農業就業人口	耕地面積			稲作（玄米）	農産物実質生産額
		田	畑	計		
	千人 a	百町 b	百町 c	百町 d	千石 e	百万円 f
1880年	14,657	27,286	19,628	46,915	33,951	1,471
1890年	14,300	27,946	20,837	48,784	39,073	1,768
1900年	14,203	28,400	23,080	51,480	42,480	2,034
1910年	14,018	29,402	25,885	55,287	50,588	2,462
1920年	13,940	30,642	28,745	59,387	58,920	2,929
1930年	13,921	31,987	27,267	59,254	60,468	3,159
1938年	13,630	32,101	28,694	60,795	65,873	3,481

表4-2　日本農業生産（成長率）

	農業就業人口	耕地面積			稲作（玄米）	農産物実質生産額
		田	畑	計		
1880-1900	-0.15	0.19	0.77	0.44	1.07	1.55
1900-1920	-0.09	0.36	1.05	0.68	1.57	1.75
1920-1938	-0.12	0.25	-0.01	0.12	0.59	0.91
1880-1938	-0.12	0.28	0.65	0.44	1.13	1.47

（出典）梅村他（1966）。
（注）1．農産物実質生産額は1934-1936年基準でデフレートした数値。農よび飼料作物、養蚕、畜産、藁製品。
　　　2．成長率（年率）は、各年次を中点とする5か年移動平均値に基づ

（1880-1938年の年率）と比較的大きな数値を示している。もともと農業生産は、工業生産とは違い、大きな伸びは期待できない。農業生産が長期にわたり年率1％台であれば、大きい部類に入る。土地人口比率は、耕地面積の増加と農業就業人口の微減のため、拡大し

19）日本国内の地域的差異があることは承知しているが、ここでは全国数値で議論する。

4 近代日本農業発展の論理

土地人口比率		土地生産性		労働生産性	
田	田畑計	稲作(玄米)	農産物実質生産額	玄米	農産物実質生産額
町/人	町/人	石/反	円/町	石/人	円/人
b/a	d/a	e/b	f/d	e/a	f/a
0.19	0.32	1.24	314	2.32	100
0.20	0.34	1.40	362	2.73	124
0.20	0.36	1.50	395	2.99	143
0.21	0.39	1.72	445	3.61	176
0.22	0.43	1.92	493	4.23	210
0.23	0.43	1.89	533	4.34	227
0.24	0.45	2.05	573	4.83	255

単位:％

土地人口比率		土地生産性		労働生産性	
田	田畑計	稲作(玄米)	農産物実質生産額	玄米	農産物実質生産額
0.34	0.59	0.88	1.11	1.22	1.71
0.45	0.77	1.20	1.06	1.66	1.84
0.36	0.24	0.34	0.79	0.71	1.03
0.40	0.56	0.85	1.03	1.25	1.60

産物は、米、麦、雑穀、いも、豆、野菜、果実、工芸作物、緑肥おいて複利計算。

ているし、土地生産性も稲作や農産物実質生産額が伸びた結果、比較的大きな伸びを示している。つまり、近代日本の場合、土地人口比率アップ＋土地生産性アップが労働生産性の大きなアップに結果するという関係がみられたのである。農業発展として好ましい展開である。

このような関係がみられたのは、農業就業人口がほぼ一定（微減）であったことによる。農業就業人口が増加していくと、土地人口比率がマイナスとなるため、土地生産性が増大しても土地人口比率のマイナス分だけ、労働生産性がダウンすることになるからである。近代日本において農業就業人口がほぼ一定であったのは、「家」制度により農家戸数が比較的安定していたためである。「家」から排出された跡継ぎ夫婦以外の男女は、農村から出ていかざるを得なかったが、それを引き受けたのが、都市部で発達する商

工業であった。近代日本の場合、農村労働力に対するこのプッシュとプルの力がうまく働き、農家戸数や農業就業人口をほぼ一定にならしめたのである。

5　おわりに

　本報告では、日本的な「家」制度や「村」社会がいかなる意味で日本の経済発展を支えたのかを述べることにあった。
　まず、日本の「家」制度が、農業経営の発展、とりわけ増産誘因や取引の安定に大きな役割を果たしたのではないのか、という点である。「家」永続への希求は、自己規律、自己鍛錬の勤労道徳を生み出し、土地愛撫、小さな土地改良の積み重ねといった日々の生活態度の誘因となった。「家」永続という「家」インセンティブは、農業経営に強い規律を付与し、農業生産力の向上に大きく貢献した。単独相続による経営体としての連続性は、世代を超えた長期的計画的な投資を可能としたし、「血のつながり」にこだわらない跡継ぎ選定は経営体としての柔軟性をもたらした。「家」の固定性は、面接性と信頼性の高さを生み出し、「家」永続に起因する規律ある行動は、農民の機会主義的行動を抑制し、安全な取引の実現に寄与した。
　また、日本の「村」社会では、長期にわたり系譜的な「家」（構成員）が固定的で、村人の間には生産・生活をめぐる様々な関係が累積され（「村」社会の慣行や規範の形成）、高い信頼関係が醸成されていった。村人たちはそのような慣行や規範に従い、協調的・自己抑制的に行動した。こうして取引統治が可能な「村」社会、情報の

5 おわりに

非対称から生じる取引コストを削減しうる「村」社会が形成されたのである。本報告では、その一つの具体例として、地主制（地主小作関係）を取り上げた。日本地主制の安定的成長を支えたのは、「家」制度や「村」社会が地主小作双方に対する行動制約、規律づけとして機能したこと、農民間の信頼関係が地主や小作人の機会主義的な行動を抑制し、非対称情報による取引コストを減じたところにあるのではないのか、ということである。

さて、以上のような議論は、いわゆる社会関係資本（社会資本、social capital）が経済発展に寄与するとする議論と親和性を持つ。ここでいうsocial capitalは、道路、橋などのハードな資本（インフラストラクチャー）とは異なる概念で、「社会関係やネットワークなどの仕組み、あるいはそれが生み出す相互の信頼関係や連帯、暗黙のルールや社会規範など」をさしている（澤田（2012））。この社会関係資本は、日本では、ここ20年ほど政治学、経済学、社会学、地理学などで注目されてきたもので、それぞれの分野で多くの論稿が積み重ねられてきている。そのなかで本報告との関連で紹介しておきたいのが、社会関係資本の社会的収益率と1人当たり所得水準との間に強い負の相関があるという研究である（Ishise and Sawada（2009）；澤田（2012））。つまり、途上期の経済発展にとって、社会関係資本はより大きな役割を果たすということである。

社会関係資本が途上期により有効であるというこの議論は、本報告との関連で注目すべきと考えている。本報告で想定している時代は、特に初期経済発展の段階である。いわば日本経済がまだ途上期にあった時期である。上記の議論を参照すると、「家」制度や「村」社会、あるいはそれらに起因する濃密な社会関係は、この時期の経済発展に、より有効にはたらいたのではなかろうか、ということに

第3章　日本伝統社会からみた近代日本の経済発展

なる。時代が進むにしたがって、特に非農業部門では、色々な公的私的な制度・仕組みがつくられて、希薄な社会関係にみられる欠陥をカバーするようになるからである[20]。ただ、農村部では、それ以後も（場合によっては今日に至るまで）、この社会関係は一貫して重要な意味を担っていると考えている。

　関連して触れておくと、堀報告は、分割相続地帯の朝鮮で、第一次大戦後に農業の急成長がみられたことを強調している。つまり、単独相続の日本のような条件がない地域でも農業の急成長がみられたことを指摘し、坂根報告への反証としている。金（2008）のデータによる坂根の計算でも、1920-1938年の朝鮮稲作生産の伸びは、年率2.20％と極めて高い。農業の高成長がみられた明治期日本よりも高い成長率である。これは、日本からの高収量品種の導入を軸に、肥料投入や灌漑設備を整えた結果である。それらを促した最大の誘因は、高米価で売れる日本内地の米穀市場の存在であった。この場合の問題は、生産現場でどのような生産機序が生まれていたのかである。分割相続地帯の生産誘因の欠陥をカバーする仕組みが、どのように生まれていたのかである。

　注記：大会シンポジウムでの報告では、日本農業発展の比較参考として植民地期朝鮮農業発展を取り上げていた。その際、農業就業人口として「農家人口」（朝鮮総督府『農業統計表』）を使用していたが、大会シンポ時に堀和生氏から「農家人口」が過大である旨の指摘を受けた。大会シンポ後、堀氏から、堀和生・木越義則『アジア経済史』（未

---

20) 谷本報告（第1章、23頁）は都市小工業におけるモラルハザードを抑制する仕組みとして知的財産権保護制度などをあげている。ここで念頭に置いているのは、そのような社会関係の希薄さをカバーするような色々な公的・私的な制度・仕組みである。

公刊)に掲載予定の、警察による戸口調査(職業別統計)を利用した農業主業者数の推計値の恵贈を受けた。その推計値により再計算して本稿の論旨に即して原稿化を進めたが、分量が非常に大きくなり、かつ日本農業を論ずべき本稿としては、朝鮮農業の部分が肥大化してバランスが非常に悪くなった。以上の理由から、報告時に取り上げていた植民地期朝鮮農業の部分はカットすることにした。この部分は他の機会に論じたい。資料の提供をいただいた堀氏のご厚情に対し、記して感謝したい。

参考文献

有本寛・小島庸平・高橋和志・松本朋哉・坂根嘉弘・斎藤邦明・塚田和也・重富真一 (2017)、「特集 「途上国」日本農業の開発経済史:経験と教訓」、『アジア経済』、58(2)、2-163頁。

有本寛・坂根嘉弘 (2017)、「日本農業と農村問題」、深尾京司・中村尚史・中林真幸編『岩波講座日本経済の歴史第4巻 近代2』、岩波書店、140-167頁。

有本寛・藤栄剛・仙田徹志 (2017)、「戦前日本農業の規模と土地生産性の相関関係―山形県庄内地方(1935年)の横断観察研究―」、『経済研究』、68(4)、248-370頁。

有本寛 (2018)、「開発経済史:「途上国」日本からの学び」、『経済セミナー』、703、37-42頁。

梅村又次他編 (1966)、『長期経済統計9 農林業』、東洋経済新報社。

岡崎哲二・中林真幸 (2001)、「経済史研究における制度」、岡崎哲二編『取引制度の経済史』、東京大学出版会、1-12頁。

小倉武一 (1951)、『土地立法の史的考察』、農業総合研究刊行会。

金洛年編 (2008)、『植民地期朝鮮の国民経済計算』、東京大学出版会。

栗原百寿 (1943)、『日本農業の基礎構造』、中央公論社。

啓法会編輯部編 (1934)、『判例体系 民法債権編 各論中』、啓法会。

啓法会編輯部編 (1935)、『判例体系 民法相続編 全』、啓法会。

近藤康男編（1982-1986）、『昭和後期農業問題論集』、農山漁村文化協会、全24巻。

坂根嘉弘（1996）、『分割相続と農村社会』、九州大学出版会。

坂根嘉弘（2011）、『家と村　日本伝統社会と経済発展』、農山漁村文化協会。

坂根嘉弘（2014）、「地主制の成立と農村社会」、大津透・桜井英治・藤井譲治・吉田裕・李成市編『岩波講座日本歴史第16巻　近現代2』、岩波書店、215-248頁。

坂根嘉弘・有本寛（2017）、「工業化期の日本農業」、深尾京司・中村尚史・中林真幸編『岩波講座日本経済の歴史第3巻　近代1』、岩波書店、152-178頁。

坂根嘉弘（2018）、「日本の「家」と鹿児島地域における分割相続」、日本村落研究学会企画、永野由紀子編『年報村落社会研究54　イエの継承・ムラの存続―歴史的変化と連続性・創造』、農山漁村文化協会、77-108頁。

澤田康幸（2012）、「"絆は資本"の解明進む」、『日本経済新聞』12月18日。

朝鮮総督府編纂（1932）、『朝鮮ノ小作慣行』、上巻、朝鮮総督府。

常金丸村（1936）、『治績調査書』、広島県芦品郡常金丸村役場文書。

寺西重郎（2018）、『日本型資本主義』、中央公論新社。

中林真幸（2010）、「他者と出逢う市場へ　中世から近代への制度変化と経済発展　第2回　中近世の土地所有と土地市場」、『経済セミナー』、654、108-117頁。

新潟県農会編（1921）、『調査彙報第1号　地主小作問題ニ對スル地主ノ意見』、新潟県農会。

農地制度資料集成編纂委員会編（1968）、『農地制度資料集成』、第4巻、御茶の水書房。

農地制度資料集成編纂委員会編（1970）、『農地制度資料集成』、第1巻、御茶の水書房。

農林省統計情報部編（1971）、『農業経済累年統計第4巻　米生産費調査』、農林統計協会。
野村進（2006）、『千年、働いてきました―老舗企業大国ニッポン』、角川書店。
速水佑次郎・神門喜久（2002）、『新版　農業経済論』、岩波書店。
久間健一（1939）、「朝鮮に於ける小作料減免制度の展開」、『農業と経済』、6（11）、10-26頁。
松井彰彦（2010）、『高校生からのゲーム理論』、筑摩書房。
宮本節子（1974）、「「朝鮮農地令」―その虚像と実像―」、『季刊現代史』、5、33-57頁。
村松祐次（1949）、『中国経済の社会態制』、東洋經濟新報社。
吉田正廣（1934）、『朝鮮に於ける小作に関する基本法規の解説』、朝鮮農政研究同志会。
渡辺利夫（1986）、『開発経済学』、日本評論社。
Ishise H. and Sawada Y. (2009), "Aggregate returns to social capital: Estimates based on the augmented augmented-Slow model", *Journal of Macroeconomics,* 31(3), 376-393

＊本稿は、JSPS科研費17K03862の助成を受けている。なお、中村尚史氏（東京大学）のお世話により、東京大学経済史研究会（2018年10月22日）で、本稿の内容を含む報告をさせていただいた。当日の参加者からは様々な意見をいただいた。厚くお礼を申し上げる次第である。

第4章　東アジアからみた日本の経済発展

　　　　　　　　　　　堀　　和生（京都大学名誉教授）

第4章　東アジアからみた日本の経済発展

1　はじめに

　本報告は、近代日本の長期にわたる経済発展の過程を、国際比較することによって、その特徴の認識を深めることを目指している。歴史研究における国際比較とはありふれた手法のようにみえる。しかし、今日までの日本の比較史研究とは、もっぱら欧米史との比較に限定されていた。古くは講座派や大塚史学のように日本の後れや歪みを摘出するとか、あるいは1980年代の日本的経営論や日本型経済システム論のように欧米に対する日本の優位性を称揚したように、その比較の基準はあくまで先進欧米諸国の経験であった。日本の経済発展が非欧米地域の中で例外的だと認識されていた時代では、その比較対象が欧米に限られていたことはやむを得なかった。しかし、今日では世界各地で経済発展が起こり、とりわけ東アジアはすでに世界経済の中心の一つになっている。

　このような現状を踏まえれば、日本の経済発展の性格を探究するのに、欧米の先行事例だけにこだわるのは時代遅れである。多くの新興国で経済発展が起こっているのであるから、日本を非欧米地域における経済発展の先駆事例と捉え、新しい発展経路論なり発展類型論を構築することを課題とすべきである。非欧米地域のなかでは地域差が大きいし、経済史研究の蓄積にも差がある。そこで、本報告では日本と歴史的関係が深い隣国であり、日本に次いで経済発展を遂げた朝鮮・韓国と台湾を主に比較の対象として取りあげる。これら東アジア諸国の経済発展過程を長い時間的スパンのなかで比較検討することで、近代日本の特徴とされてきた要素の意味を考えな

おしたい。さらに、歴史的背景が大きく異なる南米の事例を参照することで、世界史における東アジアの特徴の抽出を試みたい。本シンポジウムでは、近代日本の農業発展について坂根嘉弘報告が、製造業部門の発展について谷本雅之報告があるので、両報告の見解と交差させながら報告者の見解を展開したい。

2 経済史研究の進展とマクロ的な知見

　近年における経済史の大きな成果のひとつとして、国民経済計算にもとづく経済統計の遡及推計作業が世界的に進んできたことがある。おそらくこれは、世界的なスケールで経済発展が実感されてきたことと関連しているであろう。このような世界的な推計作業に先鞭を付けたのはA．マディソン（Angus Maddison（1991））の功績であり、氏の没後も各国の研究機関や研究者の協力でマディソン・プロジェクトとして推計作業が継承されている。

　日本の国民経済計算の遡及推計については、1950年代から研究が進められ、大川一司・篠原三代平・梅村又次監修の『長期経済統計』全14巻（東洋経済新報社（1965-1988））が完成し、周辺情報とともに公開されている。韓国と台湾に対しては多くの推計研究が蓄積され、近年それらの成果を踏まえて金洛年（2006；2008；2012；2018）と溝口敏行（2008）によって体系的な国民経済計算統計が整えられた[1]。推計の研究が蓄積するなかでその結果は収斂してきて

---

1) 金洛年（2008）、溝口敏行（2008）。研究史と手法については、前者の第1章、第12章、後者の序章、第1章、第10章を参照。朝鮮・韓国については、さらに新しい推計の公刊が予定されている。溝口敏行・

第4章　東アジアからみた日本の経済発展

表1　世界各地域・国のGDP実質成長率

	1890-1913	1913-1938	1955-1985
西欧12ヵ国	2.2	1.4	3.5
（ドイツ）	3.2	1.7	3.7
（英国）	1.8	1.1	2.3
米国	3.9	1.8	3.3
日本	2.5	3.7	7.0
台湾	3.1	4.3	8.7
朝鮮・韓国	N.A.	3.7	7.6
南米5ヵ国	4.6	3.1	4.5
（アルゼンチン）	6.2	2.7	2.5
（ブラジル）	2.6	3.8	6.0
中国	N.A.	N.A.	6.7
インド	0.7	0.6	3.9

（出典）A.マディソン（2000：278-292）、大川一司（1974：226）、溝口敏行（2008：395-400）、金洛年（2012：448-450）、南亮進・牧野文夫（2014）『アジア長期経済統計3　中国』東洋経済新報社：465-467
（注）1．西欧12ヵ国の第1期1890-1913年のみスイスを除く。
　　　2．南米5ヵ国とは、アルゼンチン、ブラジル、チリ、コロンビア、ペルーで、第1期は1900-1913年。
　　　3．台湾の第1期は1901-1913年。
　　　4．西欧12ヵ国の増加率を基準として、倍以上のものに網掛けした。

おり、今後の研究で若干の補整や訂正はあり得るが、利用できる資料が大きく増えない限り、全体像を変える推計の修正は困難であろう。本報告では、まずこれらの国民経済を含めた巨視的データが示す日本と東アジアの経済趨勢を見ておこう。

　近現代世界の経済発展を概観すれば、日本および東アジアには明瞭な特徴がある。表1は、先述のマディソンの世界推計に、近年の東アジアに関する最新研究の成果を加えたものである。周知のように、欧米は19世紀から20世紀初頭までと、戦後1970年代までの時期に高い経済成長をとげた。ところが、日本、台湾、朝鮮・韓国は第一次大戦から長期にわたって、その西欧12ヵ国の平均を常に倍以上も上まわる成長を続けている。そして、この東アジア3地域・国の高い成長とは「奇跡」として注目された戦後期のみでなく、世界経済が全般的に停滞した両大戦間期においても、西欧の倍の高い成長

表鶴吉編『アジア長期経済統計4　韓国篇』東洋経済新報社　2019。

をとげていたことに注目すべきである。

 この東アジアの持続的な成長という特徴を掘り下げ、その内実を掴むために、非欧米地域のなかで長期の経済統計を得られる中南米の事例と比較してみよう。東アジアと中南米は対照的な趨勢をみせる。単純化していえば、中南米が20世紀初頭にすでに相当の経済規模に達していたのに対して、東アジアのそれが相対的に小さかったことである。マディソン・プロジェクトの１人当たりGDP推計によれば、1913年アルゼンチンの3,797GK$（1990年ゲアリー＝ケイミス・ドル　以下同）やウルグアイ3,310GK$は、西欧12か国平均の3,747GK$に匹敵する水準であった。それに対して、東アジアの首位である日本は1,387GK$であり、中南米８か国平均1,586GK$を下回り、台湾807GK$や朝鮮485GK$はさらに小さかった。ところが、表１のように、その後のGDP成長率は東アジア３地域の方が高かったので規模差は縮小し、第二次大戦後は東アジア３国が中南米諸国を凌駕していく。

 貿易規模の長期趨勢を見ても、東アジアと中南米は対照的である。図１は各国の１人当たり貿易額を比較するために、世界平均を基準（＝100）とした指数の推移である。

 注目されるのは、19世紀末における中南米の貿易額の大きさで、1900年代アルゼンチンは指数800前後で、久しく最大の貿易大国であった英国を凌駕した。南米の多くの国が西欧を越える水準にあり、南米では比較的小さいブラジルでさえ、米国に並ぶほどであった。それに対して、19世紀東アジアの１人当たり貿易額ははるかに小さく、しだいに増加したものの、1913年で日本67、台湾75、朝鮮19という水準であった。ところが、両大戦間期になると南米（アルゼンチン・ブラジル）は低下するのに対して東アジア３地域は上昇し、

第 4 章　東アジアからみた日本の経済発展

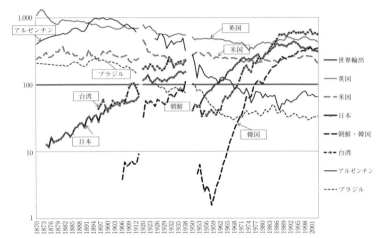

図 1　一人当たり輸出額の国際比較指数　世界平均＝100
(出典) 堀和生 (2009)、原資料は各国貿易統計

朝鮮も世界平均を上まわる。さらに、戦後になると南米 2 国が大幅に低下して世界平均以下になるのに対して、東アジア 3 国はまさに急増して米国を上まわるだけでなく、貿易依存度が高い西欧諸国に伍すようになる。

　つまり、東アジアと中南米の 1 人当たり貿易額を長期に見ると、世界平均を軸にして交差する形で推移した。20世紀初頭における両地域の所得と貿易規模の相違は、中南米地域が西欧北米と強い経済的な結びつきをもっていたことによる。このことは、先進国の投資面にもあらわれる。1913年における英米独仏 4 か国による国別人口 1 人当たりの投資額をみると、アルゼンチン57.7ポンド、チリ47.1ポンド、ブラジル16.5ポンドであり、それはカナダ、オーストラリアに次いでおり、米国を上まわっていた（西村ほか編 (2014) 164)。日本は日露戦争のために外債で多額の外資を導入したにもかかわら

ず、13年の1人当たり外債額は3.0ポンドにとどまっていた。

このように、20世紀初頭の中南米の経済的な豊かさとは、欧米人移民社会が交通革命の恩恵を受け、欧米の経済発展と対応した一次産品の輸出による富の蓄積によるものであった。それに対して、東アジアは全く異なる国際条件から出発しており、欧米との結びつきは中南米よりもはるかに弱かった。ところが、その後の第一次大戦後から1980年代まで東アジアの持続的な輸出の拡大によって、世界経済における東アジアと中南米の貿易規模とその影響力は、まったく逆転した。この両地域の趨勢の違いが生じたのは、中南米経済が久しく一次産品輸出の状態にとどまったのに対し、東アジア各国が技術革新の余地の大きな工業品輸出に転じたからである。1989年の中南米20ヵ国の輸出の66％が一次産品であったが、同年の日本、台湾、韓国における輸出中の工業製品比率は、96.9％、93.4％、93.8％とまさに対照的であった。

このように欧米主導の世界経済への包摂が弱かった東アジアは、20世紀に欧米先進諸国の経済趨勢とも、また非欧米地域で相対的に経済成長が先行していた中南米の経済趨勢とも異なる軌跡を歩んだ。そして、近年の国民経済研究の成果が明らかにした重要な点は、経済発展における国内市場の重要性である。もちろん、前掲図1のように、日本、台湾、韓国の経済発展過程において、対外貿易の増大が重要な役割を果たしたことは明らかで、これを東アジアの特徴とする見解は多い（杉原薫（1996）、堀和生（2009））。しかし、東アジアのように工業生産のために資源輸入が必要な加工貿易型の社会であれば、経済規模を拡張するためには、輸出入の一定の拡大が不可欠である。とはいえ、財とサービスの輸出入は相殺されるので、国民経済の規模を貿易による所得額が規定しているわけではない。い

第4章 東アジアからみた日本の経済発展

ずれの国・地域でも輸出工業品は少数の特定部門に集中しており、多くの工業部門は国内市場を基盤している（堀和生（2019a））。

国内市場は消費と投資で構成されるが、東アジアでは戦前期と戦後期のいずれもが工業の高度化と結びついている。戦間期（1913-37年）に民間消費の増加寄与率は日本58.3％、台湾58.8％、朝鮮72.7％のように高く、それらは消費財を生産する軽工業を発展させた。30年代になると固定投資の比率が急増し、37年には日本21.7％、台湾11.6％、朝鮮10.5％となった。日本の重工業化のみならず、台湾・朝鮮においてもその端緒が生まれていた。戦後1950年代（1955-61）のGDE増加において民間消費の寄与率は日本61.4％、台湾57.1％、韓国91.5％というように、国内市場の拡張を先導した。ところが、60年代（1962-72年）になると総資本寄与率が、日本38.6％、台湾39.3％、韓国44.8％を占め、所謂「投資が投資を呼ぶ」状況となり、国内市場のさらなる拡大が推し進められた。このようにマクロ的にみれば、東アジア3地域・国の経済成長をもたらした基本要因は、軽工業から重工業へという工業の高度化を軸として、国内市場を持続的に拡大したことであった。

最後に、戦後東アジアの工業の発展過程を国際的に見るために、各国の1人当たり一次エネルギー消費量の推移を比較しよう。図2は、英国の消費量を基準（＝100）とした各国消費量の推移である。1950年代初頭、東アジアと英国のエネルギー消費量は懸隔していた。日本は英国の2割前後、台湾は1割以下で、韓国はわずか2～3％にすぎなかった。それが、主要燃料が石炭から石油に転換するいわゆるエネルギー革命を経ることによって、日本のエネルギー消費量は1950年代後半から劇的に増加して、70年代には英国に並ぶ。台湾と韓国も持続的に増加を続けたので、1990年代には3国の消費量は

2 経済史研究の進展とマクロ的な知見

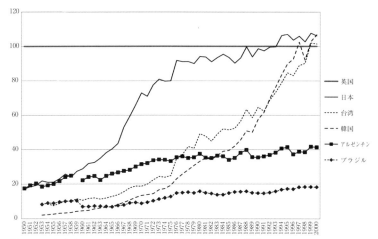

図2　1人当たりエネルギ消費量の対英国（=100）指数
（出典）通産大臣官房『エネルギー関係統計集』1960年版、通産大臣官房『エネルギー統計集』1962年版　資源エネルギー庁『総合エネルギー統計』各年版、アンガス・マディソンプロジェクト・ホームページ　https://www.rug.nl/ggdc/historicaldevelopment/maddison/

英国のそれを上まわった。

　それに対して、戦前から中南米で貿易額と所得が最も高かったアルゼンチンと新興工業国群（NICs）のひとつに数えられたブラジルの一次エネルギー消費量は、きわめて緩やかな増加趨勢にとどまった。このエネルギー消費の相互関係は、1人当たりGDP額の推移と重なり、よく似た趨勢をたどった。GDPの対英格差はエネルギーの格差よりはやや小さく、50年代初頭で日本が3割、台湾・韓国が1割ほどであったが、それが日本は1980年代、台湾・韓国は2000年代に英国にならんだ。一方でアルゼンチン・ブラジルの1人当たりGDPの対英国比率は、今日でも数十％の位置にある。

　以上のようなマクロ経済史的な諸事実を踏まえれば、日本経済史の経済発展の特徴とは、単に日本一国だけでなく、他の東アジア諸

第4章　東アジアからみた日本の経済発展

国にも共通するのではないか、という視角が生まれてくる。

3　東アジアにおける近代農業

　本報告は2つの研究潮流を前提としている。一つは、中村哲によって提唱された小経営理論で、原始から近代にいたる資本主義とは異なる歴史発展を、小経営の前進を軸に把握する学説である（中村哲（1977；1991））。東アジアの歴史発展の特徴を捉える理論として、主に東洋史と農業史の研究者らに受け継がれ（宮嶋博史・小農社会論、吉田宏一、足立啓二、野田公夫等）、後に小経営的な発展と近代的大経営の発展の並存を重視する「複線的工業化」（中村哲（2007））が提起された。いま一つは、中村隆英が近代日本における非農業・非近代産業の大きさに注目し、その独自の役割を強調した在来産業論に始まる（中村隆英（1971）第2章）。この視角は日本経済史研究（阿部武司、谷本雅之・在来的発展論等）で継承・発展され、在来的経済発展と近代的経済発展との「複層的経済発展」（沢井実・谷本雅之（2016））が提起されている。この2つの研究潮流は多くの類似の要素を持つが、小経営理論はアジア史と農業史において、在来的産業論は日本経済史において継承され、両者の間に交流がない。本報告は、前者は工業部門の研究が手薄であり、後者は日本独自性に偏っているので、両者を東アジア経済史研究のなかで発展させることを意図している。

　本報告の課題に則して、まず国内市場拡張の基礎となった近代農業史について検討しよう。日本農業史の代表的研究者であり、本シンポの報告者坂根嘉弘は、日本の明治・大正期は発展途上期であっ

たとし、その途上国の難問である生産誘因の仕組みを如何につくったかと問いかける。そして日本においては、「家」存続こそが農民の勤勉な生産労働の基盤となり、単独相続の「家」制度が、農業経営の連続性と長期的な農業投資を可能とした。また、「村」社会はあらゆる農村組織のガバナンスの基礎として機能した。そして結論として、江戸時代前期に成立する「家」制度と「村」社会こそが、他国にはみられない日本独特の社会制度として発展を支えたと捉える。果たしてそうであろうか。

　日本明治期の農業成長率については、推計によって幅があるが、かなり高いものであったことはまちがいないであろう。ところが、1910年代以降その伸びは緩慢へと転じた。そして、冒頭に見たように、戦間期日本と台湾・朝鮮のGDP成長率がほぼ同じであった理由は、台湾・朝鮮のGDP生産で大きな割合を占める農業部門が急速に伸びたからである。1913-37年間のGDP一次産業成長率は、日本1.3％、台湾3.9％、朝鮮2.5％であり、その増加寄与率はそれぞれ8.1％、39.2％、36.9％であった。1913年を100として、1937年の農林業実質生産指数（3年移動平均）を算出すると、125、282、155となる。

　この生産増加をもたらしたのは、台湾における水田面積の増加と、台湾・朝鮮の土地生産性の上昇、3地域の労働生産性の上昇である。台湾では1931年から37年に総督府が多大の財政資金を投入した南部の嘉南大圳の新設によって、約15万町歩の耕地に灌漑が整えられ、膨大な畑が水田に地目変更された。この期を通じて、水田面積は6割近く拡大した。さらに朝鮮と台湾では後述の水利灌漑施設と耕種法方の改善によって、単位面積当たりの収穫が急上昇した。1913年基準の米穀生産指数（3年移動平均）をとれば、1937年の日本は119

第 4 章　東アジアからみた日本の経済発展

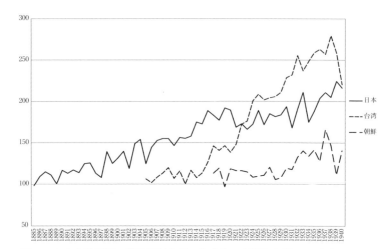

図 3　日本台湾朝鮮の農林業従事者 1 人当たり実質生産額　1935年価格　円
（出典）堀和生（2019a）
（注）朝鮮の農林従業者とは、農林業主業者のみ。副業従事者を含めると少し低下する。

にとどまるが、台湾は156、朝鮮は169と飛躍的に高まっている。さらに、図 3 で労働生産性をみても、その上昇傾向は著しい。日本が長い期間にわたり緩やかに発展しているのに対し、朝鮮はかなり低い水準からやや速いペースで伸び、台湾はさらに高い増加率での伸張によって同時代の日本のそれを凌駕した。

そして特に留意すべきは、戦間期における日本の成長率1.3%という水準も、世界的に見れば高いものであったことである。この日本の農業生産は、土地生産性、労働生産性のいずれも、同時期の西欧を上回っており、耕地面積が拡大する南北米、オーストラリアと比べても 2 つの生産性で上回っていた（アムブロジウス・ハバード（1991）第 3 章；グリッグ, デイビット（1997）第 4、5 章）。さらに、西欧農業の生産は南米の粗放農業との競争圧力によって、戦前期西

欧の農業生産は停滞した。それに対して、日本農業は漸次的とはいえ発展していたうえに、台湾・朝鮮の農業生産がさらに伸張していたわけである。

日本農業の成長が相対的に緩慢になった第一次大戦以後、台湾、朝鮮の農業は耕地面積の拡大、土地生産性と労働生産性の上昇等によって成長を始めるが、その急成長を後進農業的な特性として一般化することはできない。帝国という一つの「国民経済」内にある日本農業の成長の限界を、新開地である植民地朝鮮と台湾の農業の急成長が補完する過程が進行した。

この事態を引き起こした条件は複合的であるが、台湾・朝鮮の転換の最大の契機は、帝国の経済的一体化が進んだことである。日本市場の相対的に高い農産物価格が植民地に浸透し、現地の農産物価格の上昇が生じた。日本政府は、台湾・朝鮮の農産物搬出を促進するために、灌漑施設改善・品種改良等の産米増植政策や糖業育成政策を推進した。これらにより、台湾や朝鮮の農業が従前よりも経済的に有利なものに変わり、それをめざして日本から資金が流入するようになり、日本人の商社や商人、地主らも大挙して進入した。これら日本側の動きに対し、台湾や朝鮮側でも商人、地主、農民等による主体的・積極的な対応が起こってきた（堀和生（2019b））。ここに見られるように、生産誘因をもたらす条件を、坂根が重視する近世から続く歴史的条件や制度に限定することはない。新しい市場的条件の発生や政府の政策によって、農業が急速に商業的に転換することがある。もちろん、両地域の農業の急速な変化を、日本側の条件だけによると捉えることもまた一面的である。

報告者は、農業経営の担い手のあり方が重要だと考える。古くは地主制の下での農民の没落面だけが強調されていたが、近年の研究

表2　台湾・朝鮮・日本の経営面積別農家戸数と比率

（単位：朝鮮台湾 戸、日本 1,000戸）

台湾	1921	(%)	1932	(%)	1939	(%)
5反歩未満	127,998	30.2	93,423	24.3	108,754	25.2
5反～1町歩未満	96,933	22.9	77,477	20.2	88,976	20.6
1町～3町歩未満	145,966	34.5	150,839	39.3	169,959	39.4
3町歩以上	52,381	12.4	62,413	16.2	64,095	14.8
合計	423,278	100.0	384,152	100.0	431,784	100.0
朝鮮	1923	(%)	1935	(%)	1938	(%)
3反歩未満	70,870	38.4	64,837	32.2	57,597	26.8
3反～1町歩未満	78,694	42.6	90,349	44.9	111,046	51.6
1町～3町歩未満	30,217	16.4	40,243	20.0	41,077	19.1
3町歩以上	4,969	2.7	5,736	2.9	5,523	2.6
合計	184,750	100.0	201,165	100.0	215,243	100.0
日本	1921	(%)	1932	(%)	1939	(%)
5反歩未満	1,917	35.1	1,936	34.3	1,854	33.8
5反～1町歩未満	1,822	33.4	1,933	34.3	1,800	32.8
1町～3町歩未満	1,477	27.1	1,567	27.8	1,640	29.9
3町歩以上	240	4.4	206	3.7	198	3.6
合計	5,456	100.0	5,643	100.0	5,492	100.0

(出典) 涂照彦（1975：218-219)、松本武祝（1998：103-105）
(注) 1．日本と台湾は全土、朝鮮は水田比率の最も高い全羅北道のみ。
　　 2．台湾の面積単位は甲（1甲＝0.978町歩）だが、町歩とみなす。

は一方的な窮乏化とは異なる動向を明らかにしている。表2は戦間期3地域の経営規模別農家戸数の推移である。台湾では5反歩未満、朝鮮では3反歩未満の零細経営農家が大きく減少したのに対し、3町歩以上の大経営の増加はわずかである。結果的にその間の中規模農家が戸数、比率ともに増加した。これは、同時期日本における中農標準化とよばれる趨勢と類似する。これは、水利灌漑が完備されたもとでの多肥料農業が非常に集約的なので、台湾・朝鮮においても家族労働を最大限活用する中規模農家の生産性が最も高かったからだと理解されている。既存の研究では、地主収奪の重圧があった

ために、この生産性格差と中規模層農家の増加の意義はさほど重視されていない（松本武祝（1998）第3章、李憲昶（2004）第8章）。しかし、自作農にとって生産増加はそのまま収入増であるし、たとえ分益小作制の小作農であっても、1930年代のように米価が上昇すれば所得は増加するはずである。小農による多労多肥という農法発展の特質は、台湾・朝鮮においても共通しており、それは政府の農政パッケージと並んで両地域の農業発展の基本条件であった。

　もちろん、このような農業発展の成果が、両地域の農民、住民の生活の豊かさの増加にどの程度に寄与したのかについては、所得分配をめぐって論争が続いており、実証研究の進展に待つところがある。ただ、朝鮮について総督府は「小作調停令」（1933年）や「朝鮮農地令」（1934年）を制定し、小作争議の調停や地主の恣意的な小作権移動の抑制等、一定の小作農保護をうちだしている（朴ソプ（1995）第5章）。さらに、1930年代後半に地主の土地集積が止まっていることなど、地主制の後退とまではいえないまでも、小農的な発展の趨勢は定着していたと判断される。

　以上、3地域の農業比較の結果は、農民が生産向上に取り組む具体的な契機やメカニズムは、条件によって多様であることを示している。各国の研究関心や研究の歴史が異なるために、全ての領域を同じレベルで比較することはできない。日本では家や村制度という近世的伝統的な条件が重視される傾向が強いが、台湾や朝鮮では政府の政策や市場メカニズムという新しい条件が、変革の梃子として作用したといえる。日本の小経営的な発展が歴史的に先行したことは明らかであるが、20世紀になるとまず台湾で、ついで朝鮮においても農業生産の発展の担い手として小農経営の前進があった。日本内地のみならず、台湾と朝鮮でGDPや民間消費がかなり高まった

ことは、人口の多数を占める農民経済の一定の改善がなければあり得なかったであろう。

このように3地域の農業が相違点はありながらも、小経営という共通の基盤を強めていたことによって、戦後各国において一様に土地改革が実施されたことにつながる。日本は46年10月の「自作農創設特別措置法」、韓国では50年3月の「農地改革法」、台湾では52年11月の「耕者有其田条例」によって土地改革が実施された。各国の農地・土地改革には異なる点はあるが、地主制の完全解体、地主所有地の分割・分配、自作農創出という共通性を持っていた。そして、戦後の世界において多くの土地改革の試みがあったが、実際に小作農への土地分配を成功裏に実施できたのは、東アジア地域のみであった（野田公夫　1998）。その土地変革を実行できた要因は、3国の近代農業において小経営（小農）の経営安定化という課題が、広く社会的に認められる条件として成熟していたからである。

4　戦前期日本・台湾・朝鮮における工業発展

戦間期日本の工業が急速に発展したことは周知されているが、その趨勢は台湾・朝鮮でも同様であった。製造業生産指数（1913年基準）をとると、1937年に日本468、台湾522、朝鮮656となり、同期間の米国193、英国145、ドイツ138と比べてもその伸びは顕著である。さらに工業化が日本だけで進展したのではなく、周辺アジア地域を巻き込んでいることが重要である。

この工業発展については多様な研究視角がありうるが、ここでは中小零細経営に焦点をあてる。谷本報告は、日本の製造業について、

中小経営が「在来的」、大経営が「近代的」な経済発展という論理のなかで、その経営主体に注目し、後者による前者の駆逐ではなく、両者の並行的な展開の様相に着目している。さらに、製造業の多様な規模の事業体と生産現場の並存を生産組織の選択として捉える視角を導入し、生産技術と製品市場および生産要素市場のいかなる結びつきが、多様な経営体の持続的な展開を根拠づけていたのか、と問いかけている（報告要旨）。先述した在来的発展論をリードしてきた氏らしい的確な分析視角である。

報告者は、谷本の課題設定に基本的に賛成するが、そのうえに2つの提案をしたい。第一は、在来的発展論が生まれたときから色濃く帯びている、日本の特質解明という枠を外してみることである。中村隆英の在来産業の「発見」から今日まで、その研究視角は日本の経済発展の多くの特質を摘出してそのメカニズムを解明してきた。しかし、非欧米地域で日本のみが工業発展していると認識されていた時代と異なり、現在世界各地で経済発展の動きが生まれているので、日本の経済発展をもう少し広い次元でとらえることが必要ではなかろうか。そのためには、世界的に経済統計の整備が進んでいるので、比較の対象を、データを得ることのできる東アジアや中南米まで広げることである。第二は、その手法の手始めとして、日本の隣接国・地域で深い関係をもつ朝鮮・韓国、台湾の発展を対照してみることである。そしてそれは、同時代の比較にとどまらず、長い時間的スパンの中で、相互の発展メカニズムを照合してみることである。ここでいくつかの事例を挙げてみよう。

日本の在来的産業論は産業別従業者数の分析から始まったので、人口把握が最も確かな国勢調査データを使って日本、台湾、朝鮮を比較してみよう。表3は、戦間期の3地域の産業別の男子有業者数

第4章　東アジアからみた日本の経済発展

表3　日本・台湾・朝鮮の産業部門別の男子有業者数と増加指数

産業	年	1920	1930	1940	増加指数 1920-40	増加指数 1930-40
日本	一次	8,302	8,269	7,109	86	86
日本	二次	4,149	4,650	6,605	159	142
日本	三次	4,536	6,111	6,530	144	107
日本	合計	16,987	19,030	20,243	119	106
台湾	一次	790	908	954	121	105
台湾	二次	126	145	216	171	149
台湾	三次	266	318	439	165	138
台湾	合計	1,182	1,372	1,608	136	117
朝鮮	一次	−	5,143	4,673	−	91
朝鮮	二次	−	338	609	−	181
朝鮮	三次	−	962	1,303	−	135
朝鮮	合計	−	6,443	6,586	−	102

（出典）梅村又次（1988：208-209）、堀和生（2010：48）。

の推移を見たものである[2]。朝鮮は1920年のデータを欠くが、有業者数の増加指数は、台湾、日本、朝鮮の順である[3]。一次産業を農林業とみなすと、大きな相違は農林有業者で、日本では離農が進んでいるのに対して、台湾では一貫して増加している。朝鮮と台湾の相違は、両地域の農業有業者のあり方である。この図表で最も注目すべきは、台湾と朝鮮の一次・二次産業の有業者数の伸びが内地のそれよりも大きいことである。日本の場合、戦間期における非農林有業者数の増加は、新しい産業

2）朝鮮の1920年国勢調査は3・1独立運動のために実施されず、また40年の調査報告書は朝鮮台湾ともに要約版であり多くのデータは公表されなかった。さらに、植民地の女子有業者比率は後の時代になるほど極端に低くなるので、これは実態を反映していないと判断される。40年女子有業者率は朝鮮・台湾ともに22％にすぎず、同年朝鮮の工業女子有業者数は工場調査の女子職工数よりも少ないので、現時点では分析に堪えない。

3）ただし、1930年代の朝鮮では、150万人を超える国外人口流出があった（堀和生（1995）第3章）

による雇用の増大と、過剰労働力の滞留（二重構造の形成）という二面で把握されている。植民地の非農林有業者数については、一方で過剰労働力の存在形態を示すとされる商業有業者が、1920年代の台湾では増加数の44.1%を占め、内地（同47.8%）と類似の現象が見られる。他方で1940年の日本ではわずか0.8%にすぎないその他の産業有業者（ほとんどが賃労働者）が、台湾では5.7%、朝鮮では7.2%を占めていたように、その過剰の傾向は深刻であった。しかし、植民地の非農林有業者数の増加を、すべて過剰労働力の蓄積とだけ捉えることはできない。農林と非農林の有業者比率の大きな差（1940年の有業者中の非農林比率、日本64.9%、台湾40.7%、朝鮮29.0%）にもかかわらず、非農林部門において同様の傾向が進行していたことが重要である。同じ傾向とは、先の在来的発展論が重視する自営業・零細経営と近代的大経営の並行的な増加である。

ただし、植民地期台湾と朝鮮では全般的に資料的情況が悪いので、系統的な実証は困難であり、現在では部分的な証明しかできない。

台湾では1905年から国勢調査が実施されており、そこでは産業別業主が調査されている。それによれば、台湾の非農林部門における業主数は1905年、20年、30年で101,608、126,347、180,162であり、この間に77.3%増加している。工業の業主数は、同じく33,197、46,643、48,337で45.6%の増加、商業の業主は、同じく59,035、61,355、105,897で79.4%の増加となっている。1920年代における工業の業主数の伸びはやや停滞しているが、職工4人未満という零細な工業経営のなかで動力を備えている経営数は、1918年の473から、30年3,334、40年4,720へと急増しており、設備・技術の発展は確認できる（堀内義隆 2008）。

朝鮮の資料情況はさらに厳しいので、全国的な数的趨勢は追究し

第4章　東アジアからみた日本の経済発展

がたい。朝鮮の非農林自営業について、家内工業生産総額がさほど伸びていないことから、停滞的であったとみなされやすい。しかし、朝鮮の膨大な極零細自給的家内工業とは別に、一部には商品経済化し生産規模を拡大する自営業の存在が確認される（金洛年（2002）129～134頁、許粹烈（2008）165～174頁）。家内工業者数とその生産額の資料を得ることのできる京畿道の例では、1930年、37年、41年の生産額500円以上の経営者数は、それぞれ2,345、3,799、3,916であった。京城府が1937年に生産額100万円以上の商品群について工場と家内工業の生産実態を調査した報告によれば、経営数は工場993、家内工業2,691、従業者数は工場31,679人、家内工業10,177人であった（堀和生（1995）第4章）。京城府については、1930年代に多様な中小工業が勃興してきたことが明らかにされている（堀和生　1994）。

これらの事実によれば未だ体系的証明ではないが、台湾と朝鮮はそれぞれ固有の特徴を持ちながら、戦間期に非農林部門において自営商工業が確実に増加し、そのなかから経営規模を拡大する、あるいは新技術を導入する経営が生まれていたことは明らかである。植民地支配下において、過剰人口の累積や経済的な停滞が強調されてきたが、非農林就業部門は拡大しており、一部には規模拡大や階層上昇の可能性もあった。

以上の過程を、工場のデータで見よう。職工を5人以上使用する工場を対象とした工場統計により、戦後不況から回復した1922年を起点にして、37年各地の工場数と職工数の指数を示すと、内地は228と174、台湾は288と194、朝鮮は217と305である。台湾は工場数で、朝鮮は職工数で日本より大きい増加趨勢をみせた。この工場、職工の分布と蓄積を計る指標として、人口当たりの職工数比率をみると、1940年内地5.3％、台湾2.1％、朝鮮0.9％、であり、その格

4　戦前期日本・台湾・朝鮮における工業発展

表4　日本・台湾・朝鮮の規模別工場数と職工数

		1929年		1939年		
		工場数	%	工場数	%	
日本	200以上	1,296	2.2	2,223	1.6	−
	100-199	1,369	2.3	2,328	1.7	−
	50-99	2,831	4.7	4,641	3.4	−
	5-49	54,391	90.8	128,575	93.3	−
	合計	59,887	100.0	137,767	100.0	−
		職工数	%	職工数	%	
	200以上	813.6	44.6	1,716	45.3	−
	100-199	190.5	10.4	313	8.3	−
	50-99	193.5	10.6	316	8.3	−
	5-49	627.4	34.4	1,441	38.1	−
	合計	1,825	100.0	3,786	100.0	−
		1929年		1938年		1938年
		工場数	%	工場数	%	台湾人工場 %
台湾	200以上	28	1.0	64	2.0	4.7
	100〜199	73	2.6	56	1.8	42.9
	50〜99	106	3.8	136	4.3	54.4
	5〜49	2,609	92.6	2,938	92.0	86.7
	合計	2,816	100.0	3,194	100.0	82.9
		職工数	%	職工数	%	同上職工数
	200以上	8.3	15.9	30.9	36.7	3.6
	100〜199	8.9	17.0	8.0	9.5	38.8
	50〜99	6.9	13.2	8.5	10.1	52.9
	5〜49	28.2	53.9	36.9	43.8	81.6
	合計	52.3	100.0	84.3	100.0	46.0
		1931年		1939年		1939年
		工場数	%	工場数	%	朝鮮人工場 %
朝鮮	200以上	32	0.7	149	2.1	14.0
	100-199	60	1.3	189	2.7	22.2
	30-99	318	6.9	939	13.5	35.6
	5-29	4,203	91.1	5,676	81.6	63.5
	合計	4,613	100.0	6,953	100.0	59.4
		職工数	%	職工数	%	
	200以上	21.9	25.3	83.5	39.3	na
	100-199	9.6	11.1	26.0	12.2	na
	30-99	15.8	18.3	47.5	22.3	na
	5-29	39.1	45.3	55.5	26.1	na
	合計	86.4	100.0	212.5	100.0	na

(出典) 木村光彦 (1981)、堀和生 (1995：第3章)、許粋烈 (2008：第3章)
(注) 1．職工数の単位は1,000人。
　　 2．台湾の両年、日本の1939年の4人未満の工場は省略。
　　 3．朝鮮の1931年最大と次層の区分は300以上、100-299。

第4章　東アジアからみた日本の経済発展

差は大きい。しかし、さらに小さな地域（道府県、道、州）単位でみると、台湾の台中州、台北州、朝鮮の京畿道や咸鏡南・北道等の比率は、内地の県の比率順位でみると中位水準であり、九州や東北より上位に位置することになる。つまり、植民地においても特定の地域には工場や職工が集積されていた。

表4は3地域の1930年前後と30年代末の規模別工場数と職工数を示している。工業の発展段階が大きく異なる内地と台湾・朝鮮において、工場はいずれも極端な両極構造となっている。一方で、49人以下あるいは29人以下規模が工場数で9割（朝鮮の1939年のみ81.6％に下がるが、同38年49人以下基準では90.0％となる）と圧倒的な比率を占めており、それらの規模の職工数が増加していることから、自営業や家内工業から5人以上への小規模工場への上昇がある程度あったと推測される。この小規模層工場の職工数比率を見れば、それが最も分厚く存在していたのは台湾であり、30年代の伸びは内地が高かった。他方で、いずれもおよそ2％に過ぎない200人以上規模の工場が、4割台の職工を保有している。

この大規模層工場の集積度は、内地が最も高く、台湾と朝鮮では30年代にこの層で職工の集積が進んでいる。これは、内地からの直接投資による工場建設によるものであることは明らかで、その傾向は台湾よりも朝鮮で強かった。従来の研究で最も関心が強かった経営主の民族性に関しては、表の最右端欄にあるように、規模が小さいほど台湾人・朝鮮人の比率が高くなっている。工場数比率でいえば、台湾では82.9％、朝鮮では59.4％が現地人の経営であった[4]。

4）朝鮮では小規模工場の多くが家内工業から上昇してきていること、朝鮮人の小規模工場の増加速度が速いことや多様な業種に生まれてい

この当時の台湾と朝鮮との人口規模比率は1対4であったので、台湾において小規模工場の勃興がとくに盛んであったことを示している。

このように、3地域の工場規模分布には多少の差違はみられるが、工業発展度の大きな違いにもかかわらず、ともに小規模工場が分厚く存在していた[5]。とりわけ、従来小規模・零細経営の弱さが強調されてきた朝鮮においても、巨視的には台湾や内地との共通性が強いことが重要である。1930年代末に3地域では99人以下の中小規模工場が50％前後の職工を保有しており、後述のようにこれは戦後に続いていく。戦前期の3地域の工業は、輸出に適応特化した部門を除くと、その生産は当該社会の消費構造と密接に結びつき、新しい要素を入れながら連続的に拡大していく過程をたどった。その担い手は、当該社会のなかにおいて自営業、零細規模、中小規模経営として増加しつつ、さらに一部ではさらに経営規模を拡大したものもあった。そのような非農林自営業の拡大や中小零細工業の蓄積という過程は、日本に限定されるものではなく、後進の東アジアでも同様に進行していたのである。

5　戦後経済発展類型への拡大

日本帝国は解体され、日本経済は4島に押し戻されたが、台湾と韓国は独立し国民経済を形成した。そして、この3国が戦後30年間

ることが明らかにされている（許粋烈1993）。
5）このことは、会社数と資本金の規模別分布を見ても全く同様である。

第4章 東アジアからみた日本の経済発展

に先進国の成長率の倍をこえる高度成長をとげたことは冒頭に述べた（表1）。そして、その成長を主導したのは工業の発展であった。1955年を基準として1985年の製造業生産指数をとると、米国293、西ドイツ294、英国182[6]であり、アルゼンチン221、ブラジル743であるのに対し、日本1,433、台湾3,649、韓国2,352である。この3国の「奇跡」やNICs現象とよばれた工業発展について、戦前で検討した視角から引き続き見ていこう。

まず小経営の存在である。戦前期日本では、一方で農家戸数500万戸と農業従事者1500万人がほぼ一貫して存在しており、非農業部門に労働力を供給するとともに、他方で商工業においても自営業が戦時期まで拡大し続けた。

自営業の比率の高さを「後発の農業国」だけで説明することはできない。1930年代において農業就業者の中で自営業が95％を越えるのは、日本、台湾、朝鮮等の小農社会のみであり、ヨーロッパと中南米ではまったく見られない特徴である。例えば、1947年のアルゼンチンの自営業率は農業が41.0％、非農業が26.1％であり、1950年ブラジルの同比率は農業が65.8％、非農業が24.2％であった。南米では、農業・非農業部門ともに自営業が低く、雇用比率が高い。東アジアでは農業が久しく多くの労働力を保持し続け、その従業者数は日本では1957年から減少に転じ、台湾では1964年、朝鮮では1976年から同様な転換が起こった。つまり、各社会の中で食料供給と労働力の再生産を担ってきた小農が、戦後高度成長のある時点から絶対的な減少に転じた。

---

6) 米国は製造業指数であるが、西欧諸国は工業指数である。ミッチェル, B・R編著（2001a、2001b）

製造業においては先進国では基本的に雇用労働によって担われたが、中村隆英が早くに指摘したように、日本では非農林部門における自営業の比率が格段に高く、しかも増加し続けた。戦後においても、欧米先進国では非農林部門における自営業は現状維持かあるいは減少していたが、日本では増加した。高い比率で家族従業者を内包した自営業が、近代工業の発展と並行して増大していった事実は、小農的伝統を受け継いだ日本の就業構造の特徴である。谷本は、この事態を近代的大経営とは別の「もう一つの工業化」「別の発展類型」だと把握する（谷本（1998））。

　小農の広範な存在を単に遅れた現象とみるのではなく、自営商工業の増加自体を、一つの発展類型としてみるこの見解を、報告者は支持するが、それが日本のみにとどまらない点を強調したい。非農林部門における自営業就業者（自営業主＋家族従業者）数は、日本では1983年まで、台湾では2002年まで、韓国では直近まで増加し続けている。そのために、雇用者数が自営業就事者数を上まわる時期は日本で1960年、台湾で1970年、韓国で1985年であった。まとめれば、日本のみでなく台湾や韓国においても、戦後のある時点までは農業労働人口が維持され、さらに近代工業の発展と並行して非農林部門の自営業が増加していた。このように小経営の強靭な存在は、日本のみに現れた特例ではなく、時代と産業構造の違いを超えて台湾と韓国においても出現しているので、東アジア小農社会が工業化する過程の特徴だと把握すべきである。

　農業は家族労働による小経営の枠組みを超えられないが、非農業部門では小経営から連続的に経営規模を拡大する可能性があり、それは零細中小経営が勃興する条件となりうる。図4は、3国における製造業の従業者99人以下および19人以下規模事業所層の従業者数

第4章 東アジアからみた日本の経済発展

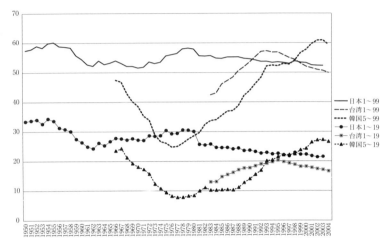

図4 日本・韓国・台湾の零細経営（1～19人）と小規模経営（99人以下）の従業員人数比率

(出典) 総務省統計局（2006）『新版 日本長期統計総覧』第2巻 CD8-7、
金昌男・文大宇（2006）『東アジア長期経済統計 韓国』勁草書房、
(中華民国) 経済部（各年版）『中華民国・台湾地区 工業統計調査報告』
(注) 1. 中小規模は日本と台湾は、1～99人、韓国は5～99人。
2. 日本と台湾は製造業、韓国は鉱業と製造業。

比率である。日本は2つの規模層とも、1980年代初頭まで比率が低下してはいない。それに対して、韓国は2つの規模とも高度成長期に大きく比率が下がった後に、80年代から急速に比率を高めた[7]。台湾は70年代までデータがないので不明だが、80年代以後は韓国と同様の趨勢をみせている。そして3国ともに、90年前後には99人以下規模が5割強、19人以下規模が2割前後の比率を占めるように

---

7) 1970・80年代韓国の中小規模層の比率は低いが、絶対数は継続的に増加している。1～4人層の労働者のデータが欠けており、日本と台湾の場合ではそれが数％であるので、韓国ではその分の比率は上がることになる。

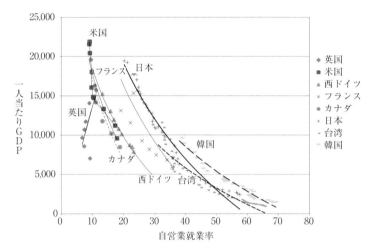

図5　自営業就事者率と1人当たりGDPの相関
　　（1950-1992年　GDPは1990年ゲアリー=ケイミス・ドル）
(出典) International Labour Office (various years). Maddison, Angus (1995)

なった。

　一般的に台湾は中小企業社会であり、韓国は大企業中心だと見なされているが、この基準では90年代において3国に差がない。台湾は中小企業中心の社会であるのに対し、韓国は財閥中心の社会というステロタイプ化した認識は、必ずしも実態を反映していない。1980年代の米国、英国、ドイツの99人以下規模の従業者比率はほぼ25％以下であり（後藤（2014）110-111）、東アジア3国の半分以下となる。以上のように、欧米先進国と比較した場合に、東アジアの就業構造は、高度成長の終焉期まで長期にわたって、自営業と零細中小経営の比率が高い水準で維持されるか、あるいは高まる趨勢にあったことが大きな特徴であった。

　この議論の延長上で、ILO労働統計を活用し、自営業就業者比率

第4章 東アジアからみた日本の経済発展

（横軸）と1人当たりGDP（縦軸）を組み合わせることによって、図5を作成することができる。このデータ操作の手法は、谷本雅之（Tanimoto（2013）；沢井・谷本（2016））によってすでに試みられている。すなわち、自営業が当初から極端に少ないところから経済発展を遂げた英国と米国を一つの極として、その対極に自営業の比率が非常に高い日本の経済発展の類型を描きだした。谷本の指摘は重要であるが、その関心は日本の発展類型の抽出にとどまっている。しかし、同図中に台湾と韓国のトレンドをプロットしてみると、両国は驚くほど日本と同じ道を踏襲している。つまり、膨大な農業労働力の吸引と非農業部門の自営業の創出とが並行し、その非農業部門の自営業から零細小規模経営が成長していく。巨大な自営業数を抱えながら工業発展と経済成長が進むトレンドである。

　このように、日本の事例は孤立したものではない。図には記入していないが、インドや南米は下部に滞留しており、日本、台湾、韓国のような上昇トレンドに乗っていない。このように、中村隆英が提起した日本の在来産業による労働力構成、産業発展とは、時間軸を伸ばしてみれば、人口稠密な小経営社会において近代的経済発展が進むときに辿る、一つの類型として把握すべきである。100年間の経済発展を資料的に追えるのは東アジアと中南米のみであるが、この二つの地域の歩みは相当異なっていた。

　では、小経営や零細中小経営が社会の中で大きな比率を占めることが、何故相対的に高い経済発展のあり方と関連するのであろうか。これは近代東アジアにおける各時代の社会経済条件に規定されて生まれた類型であって、選択したという表現はなじまない。

　第1に、農業では、強い主権に守られた国民経済の下、食糧確保のために外貨を費やす必要がないことがきわめて有利であった。戦

前期の英国やドイツでは食糧の国内自給ができず、膨大な輸入に依存したのに対して、日本は帝国内ですべて自給し、外貨をもっぱら資本財と原料輸入に充当できた。

第2に、人口の過半を占める農業人口の所得が長期にわたって増加を続けたことは、国内市場拡張の基礎条件となった。農業の生産と消費の増大、農産物商品化の進展は、工業と結びついて工業生産を刺激した。

第3に、小経営は様々な経路・形態で労働市場と繋がっており、農業外に多様な労働力を供給した。労働力の供給源をもっぱら小農が担ったことは、その再生産費用を低廉にした。

第4に、都市と農村には消費水準に格差が存在するが、一方で巨大な農村社会が急速に解体することなく、安定的に維持されたことは重要である。それは過剰労働力のプールの役割を果たし、国家財政が担わねばならない社会安定コストを引き下げるうえで大きく貢献した。日本の植民地での第一次大戦後の農業政策は、ある程度農村安定化に重点を置いていた。非農業部門における小経営の場合では、農業の食糧自給の面を除いて、先の第2～4の点は共通する。

第5として、近代的大経営の生産する資本財や中間財を受容して、中小規模経営とその協業・分業が有利な工業部門と大経営工業部門との産業連関が拡大し、国民経済が充実することになった。金属加工業、組立産業や雑貨産業等では、その面が強い。

さらに第6として、近代工業が発展する国民経済のなかで、膨大な自営業が存在していたことは、戦後の先進資本主義の黄金時代に、急増する労働力需要に対して、西欧のように外国人労働者を導入することなく、国内で労働力を供給できた条件となった。またこの東アジアの社会構造こそ、欧米にはなかった高度成長実現のきわめて

第4章　東アジアからみた日本の経済発展

重要な条件であった。

この歴史理解に関連する研究として、杉原薫による東アジアの「労働集約型工業化」がある。報告者は杉原説の東アジアの技術選択や労働編成に関連して賛成する点も多々ある。しかし、「労働集約型経路」と「資本集約型経路」を対置させ、それが融合するのが第二次大戦後だとする杉原の認識には問題がある（杉原（2010）；Sugihara（2013）：chapter1）。東アジアにおいて、近代的大経営（紡績産業、鉄道から鉄鋼、化学工業等）は早くから経済発展のリーディング・セクターであり、それらは常に世界市場で競争関係にあった事実が軽視されている。杉原のいう労働編成の方向性の相違としてではなく、異なる原理による経営主体である近代的大経営と小経営・零細中小経営とが、同時に並存し相互に結びついて発展したという関係性こそが、東アジアの特徴であると捉えるべきだと考える。

6　おわりに

本報告は、従来近代日本経済の個性として捉えられてきた諸事実を、台湾と朝鮮・韓国のそれと比較してみることによって、多くの共通点があることを明らかにした。要約すれば、それは人口稠密で発達した小農・小経営社会が工業によって発展する過程で生まれた特徴であり、膨大な農民と非農業自営業、零細中小商工業と近代大経営が並存する形での経済発展である。東アジア3地域・国の経済発展において、この自営業や零細中小経営が、近代的大経営と取り結んだ多様なメカニズムが、近代化が欧米より遅れて出発しながらも、比較的短時間に工業を中心として経済発展するのに寄与したこ

とは明らかである。日本はそのような経路による発展の先駆であり、台湾・韓国は2番手走者となった。

近年広くアジア各地における経済発展はめざましく、豊かさを享受できるようになった社会が増えてきた。一方で、1990年代になると日本、台湾、韓国の小経営・零細中小経営の意義は弱化・消滅の方向に転じ、第二次産業の従業者数は絶対的な減少を始めた。他方で、中国では1990年代以降、第二次産業従業者が毎年数百万人も増加する劇的な工業発展が進展し始めた。

こうなると、日本、台湾、韓国間の経済・産業の連関よりも、より広い領域でそれらの関連を見ていく必要が生じている。さらに、東南アジアやインドのように、かつて必ずしも小農社会ではなかった社会において、世界的な新条件のもと、新たに小経営・零細中小経営が簇生しており、各国の経済発展を下支えしている（水野(1999)；柳澤(2014)）。これらが今日の拡大東アジアの経済発展の基盤の一つとなっている。

このように、日本、台湾、韓国に続いて、中国や東南アジア等の国や地域が、小経営・零細中小経営の成長を重要な基盤として経済発展した歴史的経験は、かつてアジアの発展を無視していたアジア停滞論やアジア内の相違を過大に強調した日本特殊論を乗り越えて、欧米とは異なるいまひとつの普遍的な発展類型を創出する課題を提起しているのではなかろうか。

参考文献
【日本語】（中国人は日本語読み、韓国人は韓国語読みで配列）
アムブロジウス・ハバード (1991)、肥前栄一ほか訳『20世紀ヨーロッパ社会経済史』、名古屋大学出版会

李憲昶著　須川英徳・六反田豊監訳（2004）、『韓国経済通史』、法政大学出版局

梅村又次（1988）、『労働力』、東洋経済新報社

木村光彦（1981）、「植民地下台湾、朝鮮の民族工業」、（名古屋学院大学産業科学研究所　Discussion paper No.3）

金洛年（2002）、『日本帝国主義下の朝鮮経済』、東京大学出版会

金洛年編　文浩一・金承美訳（2008）、『植民地期朝鮮の国民経済計算―1910-1945』、東京大学出版会

グリッグ,デイビット著　山本正三ほか訳（1997）、『西洋農業の変貌』、農林統計協会

後藤康雄（2014）、『中小企業のマクロ・パフォーマンス―日本経済への寄与度を解明する』、日本経済新聞出版社

沢井実・谷本雅之（2016）、『日本経済史―近世から現代まで』、有斐閣

杉原薫（1996）、『アジア間貿易の形成と構造』、ミネルヴァ書房

杉原薫（2010）、「グローバル・ヒストリーと複数発展径路」、（杉原薫ほか編著『地球圏・生命圏・人間圏―持続的な生存基盤を求めて』京都大学学術出版会）

谷本雅之（1998）、「もう一つの『工業化』―在来的経済発展論の射程」（『岩波講座　世界歴史22　産業と革新』岩波書店）

涂照彦（1975）、『日本帝国主義下の台湾』、東京大学出版会

中村哲（1977）、『奴隷制・農奴制の理論』、東京大学出版会

中村哲（1991）、『近代世界史像の再構成』、青木書店

中村哲（2007）、「東北アジア（中国・日本・朝鮮）経済の近世と近代（1600～1900年）―その共通性と差異性」（中村哲編『近代東アジア経済の史的構造』、日本評論社）

中村隆英（1971）、『戦前期日本経済成長の分析』、岩波書店

西村閑也ほか編（2014）、『国際銀行とアジア―1870-1913』、慶應義塾大学出版会

野田公夫（1998）、「第二次大戦後『土地改革の時代』と日本農地改革―

比較史視点からの日本農地改革論」(歴史と方法編集委員会編『歴史と方法』、青木書店)

朴ソプ (1995)、『1930年代朝鮮における農業と農村社会』、未来社

許粹烈 (1993)、「日本帝国主義下朝鮮人工場の動態」(中村哲・安秉直編『近代朝鮮工業化の研究』日本評論社)

許粹烈著　保坂祐二訳 (2008)、『植民地朝鮮の開発と民衆―植民地近代化論、収奪論の超克』、明石書店

堀和生 (1994)、「植民地期京城府の都市構造」(『経済論叢』、154巻6号)

堀和生 (1995)、『朝鮮工業化の史的分析―日本資本主義と植民地経済―』、有斐閣

堀和生 (2009)、『東アジア資本主義史論Ⅰ　形成・構造・展開』、ミネルヴァ書房

堀和生 (2010)、「東アジアにおける資本主義の形成―日本帝国の歴史的性格」(『社会経済史学』76-3)

堀和生 (2019a)、「東アジアの経済発展―日本・台湾・韓国」(堀和生・萩原充編『「世界の工場」への道』京都大学学術出版会)

堀和生 (2019b)、『東アジア経済史』、日本評論社

堀内義隆 (2008)、「近代台湾における中小零細商工業の発展」(堀和生編『東アジア資本主義史論』第Ⅱ巻、ミネルヴァ書房)

松本武祝 (1998)、『植民地権力と朝鮮農民』、社会評論社

マディソン, アンガス著　金森久雄監訳 (2000)、『世界経済の成長史1820～1992年』、東洋経済新報社

水野廣祐 (1999)、『インドネシアの地場産業―アジア経済再生の道とは何か？』、京都大学学術出版会

溝口敏行編 (2008)、『アジア長期経済統計1　台湾』、東洋経済新報社

ミッチェル, B・R編著　中村宏・中村牧子訳 (2001a)、『ヨーロッパ歴史統計―1750-1993』、東洋書林

ミッチェル, B・R編著　斎藤眞監訳 (2001b)、『南北アメリカ歴史統計

―1750-1993』東洋書林
柳澤悠（2014）、『現代インド経済―発展の淵源・軌跡・展望』、名古屋大学出版会

【韓国語】

金洛年編（2006）、『韓国의経済成長　1910-1945』서울大学校出版部［日本語訳 金洛年編（2008）、『植民地期朝鮮의 国民経済計算―1910-1940』東京大学出版会］
金洛年編（2012）、『韓国의 長期統計：国民計定―1911-2010』、서울大学校出版文化院
金洛年・朴基炷・朴二澤・車明洙編（2018）、『韓国의 長期統計』Ⅰ・Ⅱ巻　해남

【英語】

Maddison, Angus (1995). *Monitoring the world economy 1820-1992*. Development Centre of the Organisation for Economic Co-operation and Development.

International Labour Office (various years). *Yearbook of labour statistics*.

Sugihara, Kaoru (2013). Labour-intensive industrialization in global history: an interpretation of East Asian experiences. In Kaoru Sugihara ed. *Labour-intensive industrialization in global history*. Routledge.

Tanimoto, Masayuki (2013) From peasant economy to urban agglomeration: the transformation of 'Labour-intensive industrialization' in modern Japan In Kaoru Sugihara ed. *Labour-intensive industrialization in global history*. Routledge.

第5章　西南ドイツの相続慣習と「居つきの工業化」
　　　―西洋経済史からのコメント―

　　　　　　　　　　　　　森　　良次（広島大学）

第5章　西南ドイツの相続慣習と「居つきの工業化」

1　はじめに

　本シンポジウム4報告のうち、3報告は小農経営、自営商工業、中小経営の動態を経済発展の過程に積極的に位置づけ論ずるものであった。西洋経済史の立場からこれらの報告にコメントするという課題に対し、本報告では西ヨーロッパの均分相続地帯の一角を占め、ドイツ経済史上は小・零細農経営が支配的で、産業発展においても中小経営の比率が高い、西南ドイツのバーデン（Baden）、ビュルテンベルク（Württemberg）を取り上げ、本シンポジウムで示されたいくつかの論点に即して、同地域の農地制度と産業発展の特徴を検討する。具体的には、まず西ヨーロッパの相続慣習（単独相続、均分相続、柔軟な相続）の地理的分布を確認し、家族形態を含む各相続慣習が経済発展に一般にどう影響しうるのか整理する。次いで西南ドイツの農業・農村のあり方とこれに規定された産業発展の特徴を、農村住民が農業との結びつきを維持したまま工場労働者化していく「居つきの工業化」（Industrialisierung im Sitz）の観点から検討する。そして最後にこれらの検討結果をふまえ各報告にコメントする[1]。

1）本報告、特に2（2）、3（1）（2）の内容は主に森（2013）に拠っている。また西南ドイツにおける共有地の社会経済史的意義ならびに「農村立地型工業」の展開については、三ツ石（1997）が詳しく、本報告もこれに学んでいる。

2 西ヨーロッパの相続慣習と西南ドイツの位置

(1) 相続慣習・家族形態と資本制経済の発展

フランスの歴史人口学・家族人類学者であるトッド（Todd, Emmanuel）によると、ヨーロッパで単独相続地帯（多くの場合、長子相続）を形成しているのは、①ドイツ語圏（今日の国境線を基準にすると、ライン河流域を除くドイツ、スイス・ドイツ語圏、オーストリア（ブルゲンラントを除く）、イタリアの南ティロール、オランダ東部、デンマーク南部）、②スカンディナビア半島（スウェーデンの人口稠密地域、フィンランドの一部、ノルウェー北部および西部）、③大ブリテン島西部およびアイルランドの一部、である。これらの地域では、財産を相続した子夫婦が親夫婦と同居する直系家族が基本的な家族形態となっており、日本の世帯形成パターンとの共通性が認められる。ただし、親子両夫婦の同居に際しては、父親が所有（保有）する農地を子が引き継ぎ、子夫婦が新たな世帯管理者（両親は隠居）となることが通例であり、家長・世帯管理者としての親夫婦のもとに子夫婦が同居することは稀であった。

つぎに北海沿海地域（イングランドの大部分、デンマークの大部分、オランダの西部と北部、フランスの西内陸部）では、単独相続や均分相続のように兄弟姉妹間で遺産をどう配分するかについての規則が存在せず、親の遺言にもとづき財産を子が引き継ぐ柔軟な相続が一般的であった。この場合、財産は遺言によって分割して子に引き継

第5章　西南ドイツの相続慣習と「居つきの工業化」

がれるが、均分相続のように子を平等に取り扱う発想は微弱であったとされる（トッド（1992）、第1章）。これらの地域では、前近代社会の結婚形態として、①結婚前に若者の多くが奉公人を経験すること、②平均初婚年齢、生涯独身率がともに高いこと、③結婚後に夫婦は親世帯から独立し新たな世帯を創設・運営していたことが知られており、西北ヨーロッパに固有の結婚パターンとされている。結婚前の青年層を中心とする奉公人制度は、農家経営に不要な過剰労働力を家・村から排出するとともに、家族構成員が少なく労働力が不足しがちな西北ヨーロッパの農家・手工業者世帯に新たな労働力を提供することができた。またこうした奉公人制度が平均初婚年齢や生涯独身率を高く推移させることになったのである（ヘイナル（2003）、ラスレット（1992）、41-71）。

　以上の西北ヨーロッパ型の結婚パターンや相続慣習が、経済史上、重要な意味をもつのは、①は生産手段（産業革命以前の農業中心社会においては、特に土地）から労働力を切り離し、賃労働（雇用労働）の世界をつくりだすことに寄与し、②は結婚や出産の制限を通じて、当該社会の生産力水準で扶養が可能な範囲内に人口増加を抑え込む予防的制限措置として機能したからである。また単独相続を典型とする不平等度の高い相続慣習も、相続から排除された子が農業労働者、長期的には農業・農村から離脱し、都市で商工業に従事する労働者となることを推進する方向に作用した。ヨーロッパが世界史上最初に封建制から資本制への移行を完遂することができた背景のひとつには、こうした相続慣習や結婚形態の存在があった（小野塚（2018）、196-210）。

（2）均分相続と西南ドイツの「零細農問題」

 ふたたびトッドによると、フランス、イタリアなどラテン語圏には広大な均分相続地帯がひろがっていた。均分相続は、坂根報告が強調しているように、世代交代に伴う農業経営の断絶、相続による農地の細分化と零細過小農の形成、農村における過剰人口の滞留等の問題を引き起こす可能性をもっている（坂根（2011）、83-94）。あるいは資本制経済の基盤である労働市場の形成・発展を抑制する傾向をもつという点で、均分相続は単独相続や不平等な相続慣習に対して、劣った制度とみなされている。

 実際、本報告で取り上げる西南ドイツは、ライン河を挟んでフランスと国境を接し、ドイツ語圏にあって均分相続が支配的な地域であるが、19世紀の前半には農地の「無制限な分割」と副業的農家内工業の普及、その結果生ずる夥しい数の零細農・小営業の農村滞留という事態を招き、農村の窮乏化（Pauperismus）が深刻な社会問題となっていた。以下は、ドイツ歴史学派の先駆者として知られるリスト（List, Friedrich）による郷国ビュルテンベルクの農地制度批判の一節である。

 「小手工業者と零細農とは、ふつう教育もなく独立心もなく、また公務に従ったり市民権を擁護したりするために必要な経済的地位を持っていない。」
 「農民は元気をつける食物をなに一つとることができぬばかりか、それがなくては獣でさえ躰が悪くなるといういちばんたいせつな薬味、すなわち塩にさえ欠乏し、自分で紡ぎ自分で織ったぼろぎれを

第5章　西南ドイツの相続慣習と「居つきの工業化」

身にまとう。またこの場合、人間は驢馬や馬や輓き牛を使いはするもののこれらの役畜に栄養のある飼料をやることができない。しかもそれにもかかわらず、働く者の階級の大部分は、その窮乏した経済を営むには誰にでも時間があり余るために、古いしきたりのままでぶらぶら日を暮らして行くのである。」(リスト (1974)、52、60)

　リストはこのように郷国農村の窮乏化を描き、経済的独立の基盤をもたない零細農の「蔓延」を批判する。というのも、リストは『農地制度論』において、ゲマインデ (Gemeinde)（基礎自治体）、郡 (Oberamt)、県 (Kreis)、そして国家へと重層的に編成される近代的自治・代議制度をドイツに確立することを主張し、そのために中産的独立農民層をゲマインデ自治の担い手、代議制度の基礎を支える国家市民 (Staatsbürger) と措定していたからである（小林 (1978)）。リストは窮乏化がすすむ郷国の農村に国家市民の不在をみてとり、小・零細農の温存と拡大を許す西南ドイツ小農制の解体を主張したのである。

　均分相続は、兄弟姉妹間で土地を分割相続することで零細過小農をうみだし、農村過剰労働力の離農・離村を抑制する傾向をもつ。その結果、労働集約（人海戦術）によって土地生産性が上昇することはあっても、労働生産性自体の上昇には困難が伴う。これを西南ドイツに即していえば、18世紀後半以降の継続的な人口増加のもとで、均分相続と後述する共有地の存続が零細農民や土地なし居留民に生存維持基盤を与え、農村に過剰人口を滞留させることとなった。その結果、土地労働比率は悪化し、零細過小農が堆積する「貧困の共有」というべき事態を招いた。19世紀前半の西南ドイツで農村の窮乏化が社会問題となる所以である。

しかし、19世紀後半以降、西南ドイツは農村工業の発展と工場制工業化の進展により「貧困の共有」を脱し、安定した経済発展の過程にはいる。このことは、産業の発展という面に目をむけるならば、均分相続にも別の評価がありうることを示している。以下、具体的に検討しよう。

3　西南ドイツの農地制度と農工複合経営

（1）均分相続と農工複合経営の発展

　バーデン、ビュルテンベルク経済の地帯構造上の特徴を表1、表2により確認しておこう。エルベ河以東に位置しユンカー大規模農場経営が支配的なオストプロイセン（Ostpreußen）と中農経営の比重が相対的に高いバイエルン（Bayern）を除く地域では、全農業経営に占める小・零細農経営の比率は75％以上と高くなっている。ラインラント（Rheinland）、バーデン、ビュルテンベルクは、いずれも均分相続地帯を抱えており、このことが小・零細農経営比率の高さの背景にある。

　零細農経営の比率が際立って高いラインラント、ザクセン（Sachsen）では、農業人口密度が他地域に比べ低く兼業農家比率も高いことから、工業化の進展が著しいことがわかる。零細農経営の主たる職業をみても、工業・非自営の比率の高さが特徴的であり、零細農が土地を保有しつつも工場労働者化していた実態が窺われる。

　これに対して、バーデン、ビュルテンベルクでは、小・零細農経営の比率が高いだけでなく農業人口密度も全人口の約半分と高いた

第5章　西南ドイツの相続慣習と「居つきの工業化」

表1　ドイツ各地域の規模別農業経営分布（1895年）

地域	経営総数 総経営面積 (ha)	零細農経営 (～2)	小農経営 (2～5)	中農経営 (5～20)	大農経営Ⅰ (20～100)	大農経営Ⅱ (100～)
オストプロイセン	226,995	57.1	13.5	16.6	11.3	1.5
	2,553,985	2.4	3.9	15.0	39.4	39.5
ラインラント	519,477	68.9	16.4	13.0	1.6	0.1
	1,378,509	12.3	19.9	43.2	21.0	3.5
バイエルン	663,785	35.6	24.9	32.7	6.7	0.1
	4,341,577	4.1	12.8	49.5	31.1	2.6
ザクセン	193,708	60.1	15.2	19.3	5.1	0.4
	999,587	5.8	9.6	40.2	30.4	14.1
ビュルテンベルク	306,643	51.1	27.5	18.8	2.5	0.1
	1,166,493	9.7	23.3	45.1	19.8	2.1
バーデン	236,159	54.2	29.0	15.5	1.2	0.1
	744,839	13.2	29.4	41.8	12.6	3.1
ヘッセン	133,840	59.2	21.3	18.1	1.3	0.1
	434,730	11.8	21.4	50.2	11.8	4.9

（出典）*Statistik des Deutschen Reichs N. F. Bd. 112, Die Landwirtschaft im Deutschen Reich: nach der landwirtschaftlichen Betriebszählung vom 14. Juli 1895*, 1898, 426-427, 430-431.
（注）各地域の数値の上段は経営数、下段は経営面積でみた各農業経営の比率

表2　零細農の主たる職業（1895年）

地域	農業部門		工業部門	
	自営	非自営	自営	非自営
オストプロイセン	13.7	55.3	9.5	7.2
ラインラント	19	8.5	17.3	31.3
バイエルン	27.1	13.1	23.3	14.6
ザクセン	8.8	7.6	29.0	30.5
ビュルテンベルク	33.8	6.9	24.0	13.4
バーデン	36.3	6.6	18.4	18.1
ヘッセン	18.5	14.4	20.7	21.5

（出典）*Statistik des Deutschen Reichs N. F. Bd. 112, Die Landwirtschaft im Deutschen Reich: nach der landwirtschaftlichen Betriebszählung vom 14. Juli 1895*, 1898, 468-469.
（注）数値は農地2ha未満の農家100件あたりの数

め、両地域では小・零細農民が重要な社会層をなしていたことがわかる。零細農経営の主たる職業をみると、農業・自営および工業・自営の比率が高い。このうち前者については、経営面積2ha未満の零細農経営では専業農家を想定することは難しく、僅かな土地で農業を営みつつ副業的に亜・綿織物業などの産業活

動に従事する農工複合経営であったとみることができる。また後者については、家計補充のために自家消費ないしは市場むけ作物の生産を維持しながら手工業などを営む小営業者が大半であったと考えられる。

このことを亜麻織物業を例にみてみよう。亜麻織物業は、18世紀に遠隔地市場むけの輸出産業として発展を遂げ、19世紀に入っても農村家内工業として営まれたバーデン、ビュルテンベルクの主要産業の一つである。表3が示すように、19世紀前半には綿工業を主導部門とする産業革命が進行していたにもかかわらず、亜麻織物業は織布工数、織機数ともに綿織物業を圧倒しており、むしろ量的な拡大すら示している。綿織物業は

表3 亜麻・綿織物業の織布工・織機数

年	亜麻織物業		綿織物業	
	織布工	織機	織布工	織機
1816	19,397	——	——	——
1829	27,804	——	2,416[1]	——
1840	22,400	22,346	——	5,300
1852	26,000	25,516	14,453	12,264
1861	19,507	19,379	15,050	14,937
1875	13,826	14,128	7,730	10,865

(出典) *Das Königreich Württemberg. Eine Beschreibung von Land, Volk und Staat*, Stuttgart, 1863, 576; Ebenda, 1884, Bd. 2, 702, 706-707; *Württembergische Jahrbücher*, Stuttgart, 1878, 110; Borscheid (1978), 129; Wauschkuhn (1974), 477-489.
(注) 1. 1832年

表4 亜麻織物織機の年間稼働日数と主業比率（1857/58年）

商工会議所地区	年間稼働日数	主業比率	織機数
シュツットガルト	115	12.0%	5,441
ロイトリンゲン	129	13.5%	6,616
ウルム	158	16.5%	3,980
ハイルブロン	100	10.4%	4,373
合計	125	13.6%	20,410

(出典) Mährlen (1861), Ⅵ, Ⅶ, 65-66, 169.
(注) 年間稼働日数と主業比率は、手織機およびペダル機に関する数値。ジャカール織機はこれに含まれない。

1830年代以降急速に発展し、1861年以降は手織機から力織機への代替が本格化したと考えられるが、これと競合関係にたつはずの亜麻織物業も広範に存続しており、その衰退の過程は極めて緩やかなものであった。だが、織機の年間稼働日数と主業比率（年間9〜12か月ないしは225〜300日稼働する織機を主業用とみなし、織機総数に占め

第5章　西南ドイツの相続慣習と「居つきの工業化」

るその比率）を示した表4をみると、実態はいずれの地域でも主業用として利用される織機の比率は低く、年間稼働日数も主業用とみなす最低基準である225日を大きく下まわっていた。亜麻織物業は遠隔地市場むけの輸出産業としては18世紀末に停頓するが、19世紀前半には問屋制組織の強化（買入制から前貸問屋制への移行）がすすむ（Medick（1997）、274-276；Borscheid（1978）、113-116、121-132）一方、織布工の多くは農閑期の副業的家内工業、農間の手間仕事として自家消費または近隣市場むけに生産を続け、亜麻織物業はいわば副業であるがゆえに存続していたのである。

　農外就業は、小・零細農民に経済的独立の機会を提供するか家計補充として機能するため封建的身分制のもとで制限されていた下層農民の世帯形成を刺激することになる。またこれによって生ずる農村人口の増大は、農工複合経営の一層の拡大をもたらすことになる。

　このことを反映しているのが、ドイツ各地域の産業・手工業人口密度を比較した表5である。19世紀のバーデン、ビュルテンベルク経済については、機械制大工業の本格的出現がラインラントやベストファーレン（Westfalen）など他の産業地域に後れをとったことが知られているが、小営業生産を含む産業活動の水準自体がドイツのなかで低いわけではない。表からは、ザクセンの産業活動がドイツのなかで格段に高い水準にあったこと、石炭・鉄鋼業を飛躍的に発展させたラインラント、ベストファーレンの産業人口密度は1875年以降急激に上昇したこと、しかしそれ以前についてはこれら両地域に対しバーデン、ビュルテンベルクの産業人口密度は遜色のない水準にあり、それどころか手工業密度に関してはザクセンとならび他地域を圧倒していたことが確認できる。バーデン、ビュルテンベルクでは、農工複合経営がひろまり、そのなかから中小の産業経営が

表5　ドイツ各地域の産業・手工業者人口密度

	1822年	1846年	1861年	1875年	1895年
ザクセン	—	208	185	229	304
	92(1836)	142(1849)	133	—	—
ビュルテンベルク	—	131(1852)	137	153	189
	75(1835)	75(1852)	94	—	—
バーデン	—	113	114	158	209
	89(1829)	112(1843)	130	—	—
バイエルン	—	118	109	141	173
	62(1810)	72(1847)	72	—	—
ベストファーレン	—	—	113	185	212
	42	53	66	—	—
ラインラント	—	—	129	190	230
	44	56	70	—	—
全国	—	—	—	151	196
	31(1816)	—	59	—	—

（出典）Megerle（1982）, 109, 128；Henning（1970）, 158, 164, より作成。
（注）住民1,000人あたりの産業就業者数（数字上段）と手工業者数（数字下段）。括弧内の数字は調査年。

分出、これが当地の産業発展を推進する主要な担い手となっていくのである。

（2）共有地と住民の社会的経済的均質性

ところで、均分相続が支配的な西南ドイツ（特にバーデンおよびビュルテンベルク西部）の農村社会については、住民の社会的経済的均質性が高く、これによって社会的安定性も保たれていたことが同時代人によりしばしば指摘されてきた。このことを鳩時計の生産で知られるシュバルツバルト（Schwarzwald）の時計生産地（バーデン）を例にみてみよう。

シュバルツバルト時計産業は17世紀後半に当地の山村住民の副業

第5章　西南ドイツの相続慣習と「居つきの工業化」

としてはじまり、19世紀には壁掛時計の生産で世界市場において圧倒的な地位を占めていた。この地の時計工は時計生産が主業化した後も副業として農業を維持し、農地や雌牛を所有するのが一般的であった。

　1840年代末のシュバルツバルトで時計産業調査を行ったマイツェン（Meitzen, August）によると、農地保有状況を調査した時計工206人のうち雌牛を所有していた者は164人にのぼり、その大部分（151人）は1～3頭の雌牛を飼育する零細酪農経営であった。雌牛を所有しない時計工は42人にとどまり、しかもそのほとんどは未婚者や隠居者で、貧困ゆえに雌牛を所有できない者は10人以下であった。雌牛1頭を飼育するには当時2モルゲン（1モルゲンは0.25ha）の牧草地が必要であったことからすると、農地2～6モルゲンを保有し、雌牛1～3頭を副業として飼育する農工複合経営がシュバルツバルト時計産業の標準的な時計工像であったといえる（Meitzen (1848)、40-43）。酪農を中心とする零細農業と結びついた農工複合経営という点で、時計生産地の住民には高い社会的経済的均質性が認められるが、こうした住民の心性や住民同士の交流のあり方をマイツェンは次のように記している。

　「（僅かな土地を所有することの）最も重要な影響は、疑問の余地なく住民の市民的道徳的な生活環境のなかにあらわれている。（時計工）親方は、賃労働者であるならば生活環境のなかでとうの昔に失ってしまったであろう独立意識と市民的価値観とを、その土地所有によって保持している。」「家父は土地所有によってある種の家父長的尊厳を備え、労働者を指導し家族を監督する一方、半分無意識のうちに極めて自然なやりかたで、家を昔ながらの規律正しい生活

と礼儀正しい状態に保っている。」

「それにもかかわらず、祭りはシュバルツバルト人の主要な楽しみである。」「（彼らは一たび居酒屋に足をむけると）もはや義務のつらさは考えず、楽しむことに没頭する。」「全ての住民、それどころか隣接ゲマインデの住民までもが妻とともにやってきて、数百人が一つの居酒屋で一緒になる。男性は非常に薄い布地の服をまとい、懐中時計の鎖や胸ピンなどで飾りつけている。妻は大きな色とりどりの絹スカーフを身につけ、・・・非常に薄い麦わら帽をかぶり、古き良き時代の遺品として長い銀の鎖を腰のあたりに何重にも巻きつけている。」「お客たちは長い食卓に列をつくって座り、食事が午前11時から晩の遅くまで続くにもかかわらず、ほとんど一度も席をかえることはない。その間居酒屋の主人は数多くの使用人とともにロースト肉、魚、様々な小麦料理を食卓にのせ、注文をとることもなしにビールやワインを運び続ける。」（Meitzen（1848）、44、49-50）

バーデン、ビュルテンベルクには、農村ゲマインデが領邦政府に対し強固な自治権をもつゲマインデ自治の伝統がある。自治の実質的担い手となったのは、小農民や小営業者、農工複合経営であり、彼らは経済的独立の基盤を備えた「ゲマインデ市民」と称される存在であった（三ツ石（1997）第2章、藤田（1984）第4章）。

マイツェンの観察からは、時計工を中核とするシュバルツバルト山村の住民が「ゲマインデ市民」に相応しい倫理的な態度と規律を備えて日常を送り、祭りという晴れの場では市民的な装い（懐中時計や銀の鎖など）と振る舞いで顔見知り同士の濃密な交流を繰り広げていたことが窺われる。またこうした交流が地域共同体内の紐帯

第 5 章　西南ドイツの相続慣習と「居つきの工業化」

を相互に確認する機会になっていたことも想像に難くない。

　坂根報告では、均分相続が支配的な中国の農村社会において、農家や農地の流動性が高く、村人間の信頼関係が弱いこと、また農民の機会主義的な行動により取引費用が高いことが指摘され、「家」、「村」制度と結びついた単独相続下の日本農村およびその自己抑制的な農民との違いが強調されている（坂根（2011）、169-177）。坂根の東アジア農村比較研究の当否を判断することは本報告の範囲を超える問題であるが、坂根の均分相続評価をひとまず受け入れるならば、なぜ均分相続下の西南ドイツ農村社会では、小・零細農民や小営業者、農工複合経営が「独立意識と市民的価値観」を備え、ゲマインデ自治の担い手たりえたかが問題となるであろう。

　ここでは均分相続とともに西南ドイツの農業・農村に独自の特徴を与えてきた共有地の問題を指摘しておきたい。

　共有地とは、ゲマインデの農民に放牧や伐採などの利用権が認められる共同地（日本の入会地に相当）のことであり、ドイツではアルメンデ（Allmende）と呼ばれる。18世紀後半以降、ドイツでは農業生産力上昇を目的に各邦で農業改革がすすめられ、村落内に分散して存在する農民の耕地（地条）を農民間で相互に交換、分合し、まとまった耕地をつくりだす「耕地整理」が実施された。またこれと並行して共有地の分割がすすめられた[2]。プロイセンでは、最終

2）有畜農業が発達した西ヨーロッパでは、伝統的に地力維持の手段として厩肥が使用されてきた。3年に1度休閑し家畜を放牧する「三圃制農業」（農村内の耕地を春まき穀物用、秋まき穀物用、休閑地に3分割し、1年ごとに作物を入れ替える輪栽農業）が発達するのはそのためであり、共有地も放牧地や採草地として農業生産上重要な意義を担ってきた。

3 西南ドイツの農地制度と農工複合経営

的に1821年の共有地分割令により共有地が農民にその耕地面積と家畜頭数に応じて分割され、私有地に転換された。これとは対照的に、バーデン、ビュルテンベルクでは、ゲマインデが所有する共有地は私有地には転換されず、基本的にゲマインデが所有権を保持したまま利用権のみを下層農民や居留民を含む全てのゲマインデ市民に付与するという政策がとられた（三ツ石（1997年）、第2章）。

元来、西ヨーロッパの封建制下で発達した「村落共同体」（Dorfgemeinde）は、家屋と庭畑、家族の生存を可能ならしめるだけの標準的耕地（10〜15ha）、森林や牧草地からなる共有地利用権の3つを有する農民（フーフェ農民と呼ばれる）を正規の構成員（共同体農民）とし、これらの農民によって耕地規制や共有地・定住規制など各種農事が取り決められ、村落運営が行われてきた。共有地の利用権が認められるのは共同体農民だけであり、村落に居住してはいても家屋や標準的耕地をもたない下層農民や手工業者は共同体成員た

18世紀後半になると、休閑をやめ春まき穀物と秋まき穀物の間にかぶ（根菜類）、クローバー（牧草類）などの飼料用作物を作付けする「四圃制農業」がはじまり、家畜を放牧ではなく屋内で飼育し、畜産物の生産を劇的に増加させることとなった。また厩肥生産が増加するため、耕地の地力が高まり土地生産性（穀物生産）が上昇するとともに、永年的な採草地、放牧地としての共有地の必要性も大幅に低下することとなった。

こうした放牧の廃止を伴う新たな輪栽農業を実現するためには、村落共同体内の耕地強制（犂耕、播種、収穫などの農作業と休閑地利用について、農民に課された農業規制）を廃止し耕地の個人主義的利用を可能にするともに、耕地整理が不可欠とされた。また不要化した永年的放牧・採草地である共有地の私有地化も並行してすすめられた（飯沼（1967）、27-54）。

第5章　西南ドイツの相続慣習と「居つきの工業化」

りえず、共有地利用からも排除されるのが一般的であった。

しかし、均分相続のもとで農民経営の縮小均衡がすすむ西南ドイツでは、居留民による土地取得がすでに18世紀には可能であった事情も働き、土地保有の有無や大小を基準に共同体農民と居留民とを区別することは実質的に不可能となっていた。こうしてフーフェ農民共同体としての実質が失われた西南ドイツでは、あらたに農村ゲマインデに都市同様のゲマインデ市民権が導入され、生計能力の証明は必要とされたものの、市民権が小・零細農民や小営業者に対してもひろく認められることとなった。またゲマインデ市民には共有地の利用が基本的に等しく認められた。

以上の経緯が示すように、共有地は経済的にも身分制的にも高い均質性を示す西南ドイツの農村住民構成を担保するものであり、特に零細農民にとってそれは農地を補填する大きな意義をもち、また土地をもたない日雇いや手工業者などには市場経済下の景気変動リスクから生業を防御する生存維持基盤を提供するものであった。

ではそうした共有地が19世紀を通じて維持されたことは、どの程度の意味をもっていたのであろうか。1925年のビュルテンベルクの状況を確認しておこう。

ビュルテンベルクのゲマインデ所有地は、同国総面積（195万1千ha）の14.2％（27万7千ha）を占めている。その地域的な偏在は大きく、郡ごとにゲマインデ所有地の比率（ゲマインデ所有地/ゲマインデ面積）をみると、散居集落が支配的なオーバー・シュバーベン（Oberschwaben）（ドーナウ（Donau）県やヤークスト（Jagst）県の一部）などでは5％未満という郡が一般的であり、これに対してシュバーベン高地（Schwäbische Alb）（シュバルツバルト県）一帯ではロイトリンゲン郡の44.8％を筆頭に25％以上の郡が数多く存在し

3 西南ドイツの農地制度と農工複合経営

表6 ゲマインデ所有農用地の内訳（1925年）

県	貸出地 面積(ha) (比率)	直営地 面積(ha) (比率)	アルメンデ		
			面積(ha) (比率)	所有ゲマインデ数[1] 所有比率[2]	利用者数 利用率[3]
ネカル県	7,801 75.6%	1,469 14.2%	1,057 10.2%	83 21.8%	13,389 13.2%
シュバルツバルト県	14,747 43.4%	3,325 9.8%	15,893 46.8%	303 59.3%	51,800 58.4%
ヤークスト県	10,842 72.1%	2,043 13.6%	2,035 13.5%	80 18.9%	12,734 22.9%
ドーナウ県	14,488 69.4%	1,300 6.2%	5,056 24.2%	131 22.9%	18,358 29.3%
ビュルテンベルク	47,878 59.7%	8,137 10.1%	24,041 30.0%	597 31.6%	96,281 31.2%

(出典) Trüdinger (1927), 133, 145-146； *Statistik des Deutschen Reichs, Bd410, Landwirtschaftliche Betriebszählung Personal, Viehstand, Maschinenverwendung*, 1929, 50-53.
(注) 1．アルメンデを所有しているゲマインデの数
　　 2．各県のゲマインデ総数に占めるアルメンデ所有ゲマインデの比率
　　 3．アルメンデを利用する農家経営の比率

た。ゲマインデ所有地の内訳は、森林が68.2％、農用地は29.0％（耕地11％、草地6％、放牧地10％）であり、うち後者の利用法をみたものが表6である。

同表によると、ビュルテンベルク全体で農民への貸出地（小作地等）は59.7％、直営地は10.1％、アルメンデは30.1％となっており、特にシュバルツバルト県ではアルメンデの比率は46.8％に達している。アルメンデを有するゲマインデは全体の31.6％、アルメンデ利用率（利用者/農家経営）は31.2％となっている。そしてシュバルツバルト県では、アルメンデを所有するゲマインデは59.3％、利用率は58.4％にのぼる。地域的な偏在はみられるものの、シュバーベン高地を中心にアルメンデは、ゲマインデ住民にひろく浸透していたということができる。

第5章　西南ドイツの相続慣習と「居つきの工業化」

（3）東アジア「小農経営発展」との異同

　ここで西南ドイツにおける農工複合経営の拡大を、東アジア資本主義の形成基盤とされる農業の「小経営的発展」と比較し、両者の異同を確認しておこう。「小農社会論」の提唱者である中村哲によれば、稲作栽培と温暖・湿潤な気候条件を特徴とする東アジア農業では、土地生産性上昇のためには徹底した除草と綿密な肥培管理（中耕除草農業）が不可欠であり、家族労働力による労働多投が可能な小農経営は、外部労働力に頼る大規模経営に対して優位性をもつとされる。しかし、小農経営の安定化のためには、農繁期と農閑期の労働需要ギャップを緩和し一年を通じた家族労働力の就業が不可欠であり、それゆえ稲作以外に養蚕や菜種・綿花栽培など多角化がすすみ、さらに綿・絹織物や製紙といった家内工業が発達する。このようにして小農経営の多角化・多就業化がすすむことで農村工業が発達し、それが資本主義形成の母体となるのである（中村（2001）、中村（2007））。

　これに対して、西ヨーロッパでは、東アジア型の労働集約的中耕除草農業とは異なり、休閑期にしか除草を行わない休閑除草農業が特徴となる。このため単位面積あたりの労働投入が少なく、耕地面積の拡大が生産力の増大に直接結びつくことになる。西ヨーロッパで牛馬耕が発達し、機械化（労働粗放化）が指向されるのはそのためである（飯沼（1987）、9-19）。

　このような西ヨーロッパ的条件のもとでは、土地生産性の低い農業地域や農業のみでは再生産の条件をもたない小・零細農経営は、農業に労働多投するよりも農外就業を指向することになり、プロト

工業と呼ばれる農村家内工業が発達する。耕地の外延的拡大が不可能な状況において、均分相続は農村家内工業を必然化するのである。東アジアでは生産単位として最適な小農経営が農村家内工業の母体となったのに対し、西南ドイツでは均分相続のもと過小農が農村家内工業の担い手となったのである。

西南ドイツにおける農工複合経営の発展をこのように捉えるならば、均分相続は農業経営の不連続という問題を抱え、耕地面積拡大による農業生産力上昇の阻害要因となったことは否みがたいとしても、産業発展という点からみた場合には、むしろ促進的に作用したといえる。

4　編物産業にみる「居つきの工業化」

（1）編物産業の生産組織

さて、以上のような特徴を有する西南ドイツの農業、農村のあり方は、この地の産業発展にどのように影響したのであろうか。19世紀後半以降の農工複合経営を基盤とする問屋制家内工業の展開は、日本の農村を舞台にした在来的経済発展と直接にかかわる重要な問題ではあるが、ここでは問屋制家内工業から工場制工業への移行の問題に眼をむけ、ビュルテンベルクの編物産業を事例に「居つきの工業化」という点から産業発展の特徴を確認しておきたい。

編物産業は、ビュルテンベルクの繊維産業のなかで織物業に次ぐ就業部門をなし、19世紀末には綿織物業を凌駕する最大の部門となる。その起源は18世紀にこの地で興隆する靴下編業に遡り、19世紀

第5章　西南ドイツの相続慣習と「居つきの工業化」

表7　ビュルテンベルクの編物産業経営・就業者数の推移

年	経営数	就業者数
1835	843	1,104
1852	─	1,875
1861	587	1,825
1875	1,208	2,075
1882	2,308	3,693
1895	2,394	9,402

(出典) *Württembergische Jahrbücher*, Jg. 1862. 2 H., 186-187；*Statistik des Deutschen Reichs*, Bd. ⅩⅩⅩⅣ. 544-545；*Württembergische Jahrbüchern für Statistik und Landeskunde* Jg. 1900. *Ergänzungsband* Ⅰ, *Die Ergebnisse der Berufs- und Gewerbezählung von 1895*, 2 Heft., 204-205, 343-344；Helm (1930), 40.

表8　ドイツ二大編物生産地の生産組織

生産地	事業所数	就業者数
(ビュルテンベルク)		
トリコット	282	14,920
平編	1,501	17,701
(ザクセン)		
トリコット	3,568	21,324
平編	7,827	32,898

(出典) Schnabel (1931), 89.

後半以降、丸編機や平行式編機といった機械制技術を導入し近代的編物産業としての発展を開始する。

当初編物産業の発展を担ったのは、かつての靴下編親方や問屋制下の家内編工から身を起こした零細経営であり、これらの経営は丸編機を導入してズボンや上着、肌着などのトリコット編物を生産した。またシュバーベン高地一帯には、平編業が小・零細農の副業として普及していたが、そのなかから問屋制下の家内工業や独立の編工が並行式編機を導入し、手芸的性格の強い多種多様な編物製品を生産した。

だが、こうした状況は、1880年代以降、編物産業でも工場制工業化が本格化することで、一変する。編物産業の経営・就業者数の推移を示した表7からは、1861-1882年に経営数は一貫して伸びを示しているのに対して、就業者数は1852-1875年には微増にとどまっていること、他方で1882-1895年に就業者数が急増していることが確認できる。編物肌着に対する需要が急速に拡大したことで、中小経営のなかから大経営が分出し、あらたに編物産業の発展を主導す

(1925年)

工場 (単一事業所)		分散型工場（複数事業所）				家内工業経営	
		本工場		分工場			
経営数	就業者数	工場数	就業者数	工場数	就業者数	経営数	就業者数
97	2,079	93	10,458	34	2,321	58	62
596	3,008	129	10,528	59	3,414	717	751
168	2,161	182	12,750	33	2,976	3,185	3,437
867	6,611	325	13,224	79	5,224	6,556	7,839

ることになるのである。

　では、この工場制化を伴う編物産業の発展にはどのような特徴がみられるのであろうか。表8は、1880年代以降の編物産業の発展に伴う生産組織の変化を映しだしている。これによると、本工場のほかに分工場をもつ分散型工場経営が1925年のビュルテンベルクでは支配的な生産組織となっていたことがわかる。家内工業経営がなおそれなりの比重を占めていたザクセンとは異なり、ビュルテンベルクでは家内工業経営に対して工場経営が圧倒的な地位を占めていたことは明らかである。その際に重要なことは、それが単に工場の大規模化に帰結するのではなく、分工場を設立し複数の事業所をもつかたちで大経営化がすすんだことである。これは、シュットットガルト（Stuttgart）、バーリンゲン（Balingen）、シュバーベン高地という編物産業の集積地域に拠点をおく工場経営が、新たな労働力（特に女性労働力）を求めて19世紀末以降産業集積地周辺の農村に分工場を設立した結果である。

　すでに述べたように、均分相続と共有地維持政策は、ゲマインデ住民の多くに生存維持基盤を提供するため、住民の農業・農村から

の離脱過程は緩慢なものとなる。これに家内工業や農村近隣での工場労働という農外就業の機会が加われば、こうした傾向は一層強まることになる。実際、西南ドイツでは、産業革命の開始以来、一貫して工場経営は工場労働者の不足に悩み、労働力を求めて工場を農村に立地するという特徴がみられた（Borscheid（1978）、22-25、149-156）。

　したがって、編物産業が1880年代以降の急激な発展の過程で労働力不足に直面し、本工場周辺の農村に分工場が設立されるという事態は、農村に労働力が固着する西南ドイツに特徴的な労働市場のあり方に規定されたものであった。またその場合、たとえ副業ではあっても農業に片足を残す、その意味で半プロレタリアート的労働力は、低賃金労働の源泉であり、不況時には生産調整や工場閉鎖によって景気変動の調整弁としての役割も果たしうる存在である。それは編物経営が農村に分工場を設立する動機の一つであり、他方でまた農村住民にとっても工場労働は、生存維持基盤を有する郷里の農村にとどまるうえで家内工業にかわる重要な就業機会となった（三ツ石（1997）、第5章）。

（2）分工場制発展の論理

　だが、以上に加えて重要であるのは、こうした動きが1880年代以降すすむ編物産業の高度化と軌を一にしていたということである。靴下編の老舗製造会社であった「ベンガー社」（W. Benger Söhne）が1870年代末に健康効果を謳った高級羊毛下着を発売し商業的成功を収めて以来、ビュルテンベルクでは様々な高級編物製品が銘柄品として生産されるようになり、製品用途も伝統的な靴下、下着のほ

かに肌着や衣料品分野へとひろがっていき、編物産業はモード産業としての性格を強めることになる。高質品生産や多品種生産を工場制工業が実現するためには、糸巻、編立、裁断、縫製、漂白・染色、仕上という全ての生産工程において、並物品や廉価品の生産に比べはるかに入念で注意深い労働や生産工程管理が必要となる（Lang (1941)、31-32、156-158）。そのための生産組織としては、労働過程が商人や工場主から独立した家内工業よりも、企業による直接的な生産・労務管理が可能な分工場のほうが合目的的となる。

このような見方に対しては、工場制工業が問屋制家内工業に対して機械制技術を用いるために生産力的に優位にたっていたとの理解もありうるであろう。しかし、景気変動に対応した生産調整の可能性も考慮し、分工場の生産規模は本工場のそれより小さく、分工場が主に担う編立・縫製工程では分工場も家内工業もともに電動機を使用しており、両者の間に大きな技術的格差は存在していなかった（Schnabel (1931)、35-36、44-45、Helm (1930)、48-51、98-99）。物的生産性という意味での分工場の問屋制家内工業に対する優位は決して自明のものではなく、編物産業の高度化に対応した生産過程管理と生産増加を同時に達成しうる方法として、分工場という生産組織が選択されたのである。ここに買入制から問屋制家内工業への移行を基本線とする日本の在来的経済発展と同様の論理をみてとることができよう（谷本 (1998)）。

以上の産業発展の過程を農村住民の側からみた場合、それを「居つきの工業化」と表現することが許されるであろう。農工複合経営の中心的内容をなした零細農業と家内工業との結合は、工場が農村に進出することで零細農業と工場労働という新たな農工結合へと変わり、農村住民は在村のまま工場労働者化することになる。農民が

第5章　西南ドイツの相続慣習と「居つきの工業化」

一家を挙げて郷里の農業・農村から離脱し、都市工業プロレタリアートの重要な給源となる、イギリスを典型とする工場労働者の形成過程とは異なり、西南ドイツでは農村住民が家屋と一片の土地を保持し、在村のまま工場労働者（労働者農夫）に転化していくのである（松田（1967）、445-470）。

その場合、農村住民の生計費は自給的農業のために低く保たれ、実際の賃金水準も都市工場労働者のそれより低位におかれていたが、工場側が彼ら半農半工の労働者に低賃金単純労働のみを期待していたわけでないことは、これまでの説明から明らかである。実際、編物産業の分工場で働く農村の男性労働者のなかには、機械による編立作業や前後の工程を熟知した後に独立し、作業場や工場を創設する者も数多く存在しており（Lang（1941）、19-20、50、Bitzer（1953）、339-352、Bergmann（1947）、78-79）、「居つきの工業化」の進展には技能形成の機会も内包されていたのである。

5　コメント

以上の事例紹介を踏まえ、各報告へのコメントに移ろう。

（1）谷本報告へのコメント

西南ドイツ農村における分工場制の展開は、日本の「在来的経済発展」の舞台が農村の問屋制家内工業から都市小経営へと移行したことと対照的である。しかし、谷本氏自身指摘しているように、両大戦間期に問屋制家内工業は衰退の過程にはいる一方、産地綿織物

業は力織機化を図り、近代的大規模工場とは異なる発展の論理をもつ中小工場群を生みだした。また下請賃織工場を発展させた知多綿織物産地（橋口（2017））や戦後綿織物業からアパレル産業へと発展した備後織物業などの事例もある。これらの事例は、「在来的経済発展」の見地からはどのように評価することができるのであろうか。

さらに自営業モデルが1920年代以降に農業（農家の多就業）から商工業へと移行したとすれば、「在来的経済発展」の連続性を考えるうえで、産地綿織物業のなかでの工場制への移行プロセスの検証もまた都市中小経営の実態解明とならび重要な課題であろう。機械制織布の時代に対応した産地綿織物業の「在来的経済発展」をどのように描くことが可能であろうか。

（2）坂根報告へのコメント

西南ドイツの零細農問題は、19世紀末のドイツ社会政策学会で、エルベ河以東の農業労働者問題とともに「社会問題」として取り上げられ、ドイツ農業問題の重要な焦点をなした。均分相続は、確かに耕地の拡大を通じた生産力の上昇を阻み、過小農を堆積させる傾向を有している。しかし、共有地が維持され居留民を含むゲマインデ住民にその利用権が平等に付与されていたことは、ゲマインデ自治や住民の社会的経済的均質性を高いレベルで維持したと考えられる。このことは、村落社会の形態を規定するのが相続制度だけではないことを示唆している。この点をどう考えればよいのであろうか。

また産業部門に眼をむければ、均分相続は零細農民の多就業化（農村離脱を伴わないソフトな離農）をすすめ、農工結合による産業発展に寄与した。19世紀後半以降、西南ドイツは「貧困の共有」を

脱し、機械産業を中心とする産業地域へと発展を遂げる。農家副業を出発点に問屋制家内工業が発達し、さらに「農村立地型工業」、「分工場制」をうみだすような近代的産業発展のあり方は、大陸ヨーロッパでは決して例外的な近代化パターンとはいえない。

以上のような産業発展のあり方を踏まえるならば、「分割相続による財産や経営の世代交代ごとの分割は、非農業部門（商工業）の発展を大きく阻害した」（坂根（2011）、88）との見方を全面的に支持することはできない。あらためて単独相続が「家」、「村」制度と結びつき日本の経済発展にどのようなメリットをもたらしたと考えるのか、報告者の見解を問いたい。

（3）堀報告へのコメント

堀報告が議論の前提にすえる「小農社会論」は、西ヨーロッパの農業や産業の発展を考えるうえでも示唆に富む。堀報告は、非農業中小零細経営の発展の内因を膨大な農業人口・労働力の存在に求めているが、それだけではルイス「二重経済モデル」と何らかわらない認識にとどまってしまう。膨大な農業人口が単に都市低賃金労働者の供給源となるのではなく、「在来的経済発展」に帰着するには、労働力供給のありかたに加え、在来的経済発展を可能にした他の条件（とりわけ市場条件）を産業史の文脈において解明することが必要と思われる。報告者の見解を問いたい。

（4）高槻報告へのコメント

ヨーロッパでは資本制経済の確立に先行する時代に、いわゆる重

商主義政策、「啓蒙絶対主義」(既存の政治・支配体制を維持したまま経済の近代化をすすめる政策) が展開され、資本の本源的蓄積、すなわち賃労働の創出や経済の発展・近代化に貢献したと考えらえてきた。近年は、グローバル・ヒストリーによって18世紀以前の世界経済における西ヨーロッパ経済の優位性が相対化されるなかで、なぜ西ヨーロッパで世界史上最初に産業革命がはじまったのかとの問いにあらためて注目が集まり、アメリカ大陸における植民地の建設・経営や非ヨーロッパ地域との貿易が果たした歴史的役割などが評価されている。産業革命を重商主義期の経済政策や経済発展の延長上に位置づけ、両者を連続的に捉えるという発想は、ヨーロッパ経済史研究ではごく一般的であるといえる。高槻報告も近世経済の到達点のうえに近代の金融業、金融市場の発展を位置づけるという点では、こうしたヨーロッパ経済史研究と同様の立場にたつものといえるし、他の3報告もこの点は共通している。

　そうした本シンポジウム各報告の特徴を踏まえるならば、非公式制度によって支えられた近世期の金融市場の発展は、明治政府により導入された財産権保護のもとでの発展とどう連続、あるいは断絶していたかという点も重要な問題であろう。例えば、幕府による金融業者の財産権 (債権) 保護という公式制度は未確立で、恣意的な保護にとどまっていたにもかかわらず、同業組合を通じて実質的に債権保護が実現していたことや大名貸しの実態などは、明治期以降の発展とどう関連しているのであろうか。本報告では言及されなかったこの点について、報告者に敷衍していただきたい。

参考文献
飯沼二郎 (1967)、『農業革命論』、未來社。

第5章　西南ドイツの相続慣習と「居つきの工業化」

飯沼二郎（1987）、『増補　農業革命論』、未來社。
小野塚知二（2018）、『経済史　いまを知り、未来を生きるために』、有斐閣。
小林昇（1978）、「リスト『農地制度論』解題」、小林昇、『小林昇経済学史著作集Ⅶ』、未來社。
小林昇（1978）、「リスト『農地制度論』の前史と周辺」、小林昇、『小林昇経済学史著作集Ⅶ』、未來社。
坂根嘉弘（2011）、『日本伝統社会と経済発展』、農山漁村文化協会。
E.トッド（石崎晴己訳）（1992）、『新ヨーロッパ大全Ⅰ』、藤原書店。
中村哲（1991）、『近代世界史像の再構成　東アジアの視点から』、青木書店。
中村哲（2001）、「東アジア資本主義形成史論」、中村哲編、『現代からみた東アジア近現代史』、青木書店。
中村哲（2007）、「東北アジア（中国・日本・朝鮮）経済の近世と近代（1600～1900年）：その共通性と差異性」、中村哲編、『近代東アジア経済の史的構造　東アジア資本主義形成史Ⅲ』、日本評論社。
橋口勝利（2017）、『近代日本の地域工業化と下請制』、京都大学学術出版会。
藤田幸一郎（1984）、『近代ドイツ農村社会経済史』、未來社。
J.ヘイナル（2003）、「前工業化期における二つの世帯形成システム」、速水融編、『歴史人口学と家族史』、藤原書店。
松田智雄（1967）、『ドイツ資本主義の基礎研究―ウュルテンベルク王国の産業発展』、岩波書店。
三ツ石郁夫（1997）、『ドイツ地域経済の史的形成　ヴュルテンベルクの農工結合』、勁草書房。
森良次（2013）、『19世紀ドイツの地域産業振興　近代化のなかのビュルテンベルク小営業』、京都大学学術出版会。
ピーター・ラスレット（酒田利夫・奥田伸子訳）（1992）、『ヨーロッパの伝統的家族と世帯』、リブロポート。

フリードリッヒ・リスト（小林昇訳）(1974)、『農地制度論』、岩波書店。

Bergmann, K. (1947), *Die Trikotagenindustrie in Talifingen/Württemberg,* Tailfingen.

Bitzer, H. (1953), Tailfinger Heimatbuch, Tailfingen.

Borscheid, P. (1978), *Textilarbeiterschaft in der Industrialisierung. Soziale Lage und Mobilität in Württemberg (19. Jahrhundert),* Stuttgart.

Griesmeier, J. (1930), "Die Pendelwanderung in Württemberg", *Württembergische Jahrbücher für Statistik und Landeskunde,* Jg. 1929.

Helm, A. (1930), *Die Württembergische Trikotagenindustrie* (Dissertation), Leipzig.

Henning, F.W. (1970), "Die Einführung der Gewerbefreiheit und ihre Auswirkungen auf das Handwerk in Deutschland", Abel, W.(Hg.), *Handwerksgeschichte in neuer Sicht,* Göttingen.

Hoffmann, H. (1935), *Landwirtschaft und Industrie in Württemberg insbesondere im Industriegebiet der Schwäbische Alb,* Berlin.

Lang, E. (1941), *Die Balinger Trikotagenindustrie* (Dissertation), Heidelberg.

Mährlen, J. (1861), *Die Darstellung und Verarbeitung der Gespinnste und die Papierfabrikation im Königreich Württemberg,* Stuttgart.

Medick, H. (1997), *Weben und Überleben in Laichingen 1650-1900. Lokalgeschichte als Allgemeine Geschichte,* Göttingen.

Megerle, Klaus (1982), *Württemberg im Industrialisierungsprozess Deutschlands. Ein Beitrag zur regionalen Differenzierung der Industrialisierung,* Stuttgart.

Meitzen, A. (1848), *Über die Uhrenindustrie des Schwarzwaldes* (Dissertation), Breslau.

Schnabel, H. (1931), *Die Wirkwarenindustrie in Württemberg. Ihre*

Entwicklung und gegenwärtige Struktur, Stuttgart.

Trüdinger (1927), "Der Gemeindegrundbesitz und insbesondere die Allmenden in Württemberg", *Württembergische Jahrbücher für Statistik und Landeskunde,* Jg. 1925/26.

Wauschkuhn, F. (1974), *Die Anfänge der württembergischen Textilindustrie im Rahmen der staatlichen Gewerbepolitik 1806-1848,* Hamburg.

第6章 「満洲国」期の中国東北における中小金属企業、機械器具企業
―日本経済史からのコメント―

松本　俊郎（放送大学岡山学習センター）

第6章 「満洲国」期の中国東北における中小金属企業、機械器具企業

1　全体について

　4つの報告を関連づけて論評し、自分の研究領域から実証に基づいて歴史像に関わる問題提起を行う、これがコメンターとしての私に与えられた課題であった。4つの報告が取り扱う問題は広汎で対象とする時期は長いが、全体としてみれば、前近代から近代への移行過程に見られる継承性と継承部分についての「変容」という問題を扱っている。経済活動を支える慣行や経営資源が、従来の歴史学が想定してきた以上に時代の画期をまたいで継承されていたことを意識し、その実態を検証しようという企画であった。また4つの報告の中の3報告は、農工業における中小経営の問題に焦点を当てていた。近代日本の経済史を①時代の画期を越えて継続される慣行や経営資源と継承部分における変容、そして②中小経営が持っている歴史的な役割に関連づけて考察する、これが本シンポジウムに用意された諸報告の特徴だと受け止めた。

2　個別報告について

（1）谷本雅之報告について

　谷本報告は、①日清・日露戦争期の綿工業と②両大戦間期に東京・大阪で台頭した雑工業を取り上げた。①については「綿工業の二態」、すなわち大規模兼営織布工場がシーチング輸出を拡大し、

2　個別報告について

産地織物業が女工労働に依拠する問屋制家内工業で織物を生産する状況が、②については農村で衰退していた問屋制的生産組織が都会の雑工業では活性化されていた状況が検証された。報告によれば、産地織物業と雑工業はそれぞれの時代の環境に即応して変化を遂げ、実利としての労働条件と伝統的な価値観の両面から農村労働力をひきつけて発展した。在来的な要素を含む「複層的な発展」である。こうした発展の歴史的な意味を戦後の経済発展とのかかわりで論じている点も刺激的だった。谷本氏の歴史分析についてはすでに多くの論者が論評を加えているが、あえていくつか問題を提起してみたい。

複層性という括りは可能であるが、二つの事例の間には違いもある。労働者の意識についていえば、機織女工へ就職することは農家内就業（問屋制家内工業）に比して卑下されたと指摘されたが、前者を低く見る農村の風潮と、戦間期に大工場に対して距離を置き、徒弟工的な生き方を選択する男子労働者の人生観には異質な部分もある。

それぞれの時期に重要であった産業分野の生産組織に複層性が生まれ、発展を支えていたとする指摘は説得的であるが、日本経済は日清・日露戦争期と両大戦間期の間に大きな変化を遂げており、前者における綿工業と後者における雑工業がそれぞれの時期の経済に占める位置も違っていた。二つの複層性は相互に関係性を持たないまま現れていたようにも見受けられる。複層性はたまたま当該分野に特有な現象として表れていたのか、日本社会の規定を受けて広範な産業分野に現れていたのか。規定があったとすれば、それは日本社会に特有のものであったのか、他国、他地域の経済発展においても広汎に検証されるものであったのか。谷本報告に対しては日本の

第6章 「満洲国」期の中国東北における中小金属企業、機械器具企業

特殊性を強調する坂根報告と、東アジアの共通性を強調する堀報告の双方から、分析視角についての親近性が論じられた。しかし、「複層的な発展」が持っている普遍性の有無について、谷本氏の主張は禁欲的である。

報告によれば、「複層的な発展」は戦後の復興過程においても再現されたが、1980年代に限界を露呈した。実際、中小企業は、後継者の不在や労働力の不足に制約を受けて、近年、存続が難しくなっている。こうした状況についても、谷本報告が重視した在来的な職業観と労働条件に関わる実利という視角から掘り下げられていくのかということが気になった。

（2）高槻泰郎報告について

高槻報告は、近世日本の経済発展に関する従来の推計が過小評価に陥っているとして、これを修正するために上方豪商の金融事業に着目することの重要性を指摘した。近世上方豪商の動向を経営規模の拡大、資金調達の方法、資金を投資した事業分野の各側面から検証し、近世から近代への移行を変化と継承の両面から複眼的にとらえようとする問題提起の報告であった。具体的には、鴻池、加島、小西といった上方豪商が17-8世紀に金融事業を急速あるいは安定的に拡大していた事実を検証し、それを可能にしていた資金調達の方法と調達資金の運用方法について事例を提示した。

調達方法については、豪商たちが「借金せんための借金」、すなわち借入資金を事業投資に充当し、そこから得られる利益で将来に予想される借金を回避するという積極的な事業姿勢を持っていたこと、運用方法については投資の対象が上方地域に限定されたもので

はなく、大名貸しを通して日本各地の農業、非農業に投資されていたことが、熊本藩等の事例によって明らかにされた。結論部分では、上方豪商の投資によって実現されていた農業、非農業事業の展開について対象地域を広げて検証することで過小な推計値を是正することが可能になるとする展望が示された。

報告の中では、検証可能な事例が限られており、特に投資先となった実体経済についての研究が進んでいないことから、資料の発掘をはかることと地方史研究の成果と交流を図ることの重要性が強調された。また、近世の豪商加島と近代の加島銀行を比較して、両者の資金調達の方法には大きな違いがあり、つながりはなかったが、資金面では継承があったとされた。今後の展開が期待される刺激的な問題提起であった。

（3）坂根嘉弘報告について

坂根報告の論点は、近年の著書の中で提示されてきた。氏は、前近代社会から受け継いだ共同体、男子単独相続を特徴とする日本農村の「家」と「村」が小農経営と地主制を安定させ、農業生産力の上昇を生み出し、殖産興業を支える資金源として機能したと見る（「相続依存型経済発展」）。男子単独相続が一般的であった日本を、分割相続が例外的に受け継がれてきた鹿児島や、それが一般的であった東南アジアと対比させ、男子単独相続が農家経営規模の零細化を防ぎ、日本農民が長期的な人生設計や子々孫々の未来を描くことを可能にして地主制の発展と生産性の向上を実現したとする。勤労道徳（通俗道徳：勤勉倹約、正直、忍従、謙譲）は、「家」の観念と表裏の関係を持ち、そうしたメカニズムを支えていたという（坂根

第6章　「満洲国」期の中国東北における中小金属企業、機械器具企業

(2011)、283、坂根（2014）、222‐3）。報告では朝鮮農業の生産性に関する日本との比較分析が補強された。

　気になったのは、前近代的要素と近代的発展の間にあったとされる親和的な関係の継続性である。坂根氏は、1920年代の小作争議について、地主制に支えられた農業生産力の上昇に限界が現れ、他方で、農業への従事にこだわりを持つ小作農が地主に抵抗した結果であるととらえている（坂根（2014）、241）。また小作農に農業へのこだわりを持たせたのは「家」意識で、立ち上がる小作農が連帯する基盤も「村」意識であったが、小作運動は「家」意識と「村」意識によって鎮められ、収斂したとされる。「家」や「村」の観念が日本経済の発展に対して果たした役割は、政治的な安定要素に重点を移して評価されていく。

　また報告では、日本と朝鮮の間にあった相続制に関する違いが強調されたにもかかわらず、朝鮮農業の生産性は植民地期に上昇したとされた。論点として強調された相続に関わる相違性と生産の増加傾向という類似性の間にあった「意外」な対照性について、報告は朝鮮における土地人口比率の低下を関連づけたが、分割制度の弱点を補って朝鮮農業の生産性を引き上げていた要因については、依拠データの検証を含めて、今後にツメが残されていると感じられた。

（4）堀和生報告について

　堀氏は多くの論文や学会発表を通して、日本、朝鮮、台湾の両大戦間期における経済成長が東アジア以外のアジア地域や世界の他地域に比べて急速であったことを検証し、この時期の経済成長が戦後の経済発展に土台を提供したと主張してきた。日本特殊論を批判し、

東アジアに共通の特徴を見出そうというスタンスに立っている。報告の中では、農業部門の生産性や農業労働者が有業者の中で占める位置あるいは非農業部門において中小経営が占めている位置が日本と朝鮮、台湾の間で違っていた事実についても検証がなされたが、報告の眼目は3か国の共通性を指摘することに置かれていた。

すなわち堀報告は、3か国の経済発展においては先進部分あるいは中核部分に中小経営が組み込まれており、谷本氏のいう複合的経済発展論の援用が可能であるとした。またマディソンのGDP推計値にもとづいてアルゼンチンやブラジル等から構成される南米五か国が両大戦間期に東アジア3国に匹敵する経済発展を遂げていたことを強調した。

工業を、経済発展を主導する分野として論じてきた堀氏に対しては、農業分野における中小経営が工業発展とどのように関わるのか、農業分野から工業分野への資金の還流に関わって宗主国日本と植民地朝鮮、台湾の間にあったはずの違いをどのように考えるのかについて説明がほしいと思った。報告の眼目部分についていえば、東アジアには他地域と比較して小規模経営が量的に多いという共通性があったこと、植民地における工業発展の過程で零細中小経営が簇生していたことは検証されたが、農業の発展と小規模農業経営の存在、工業の発展と零細企業簇生の間にある関係、中小経営が経済発展の中で果たした機能については検討課題として残された。南米五か国の成長率が東アジア3国に次いで高かったことについても、南米諸国の中小経営がどのような状態にあったのかを提示して、東アジア3国にある共通性と南米五か国の経済を対比すれば説得性が高まると思った。

3　松本の実証的な問題提起

　以下では戦前日本の支配下にあった中国東北の鞍山に焦点を当て、①経営資源や制度は、変容を伴いながらも、時代の画期を越えて継承される、②企業の設立と台頭を背景に経済が発展していく時に、中小企業は独自に重要な存在意義を持っているという二つの視点に関わらせて、問題を提起してみたい。取り上げるのは1945年8月をはさむ1940-50年代である。

　4つの報告では近代日本の入口を起点にして、（ⅰ）日本経済はそこからどのように展開を遂げていたのか、（ⅱ）近代日本につながる近世の経済と制度はどのように動いていたのかという二つの方向で問題が考察された。ここでは近代日本の一つの到達点であり出口でもあった植民地における工業化の展開と当該地域が対外的に自立した後に展開された企業の復興と設立の動向について取り上げる。対象となる時期は入口と出口で異なっているが、取り上げる問題は重なっている。

（1）1940年代の中国東北の中小企業

　1940年代すなわち「満洲国」期（1940-1945）、ソ連軍支配期（1945-1946）、国民党統治期（1946-1948）、共産党統治期（1948-）の中小企業については、研究成果が限られている。この時期の工業化問題については資料面での制約が大きいが、中小企業については特にそれが大きい。また日本資本が圧倒的な位置を占めていた大企業

3 松本の実証的な問題提起

とは異なり、中小企業には多数の中国資本が含まれていたが、多くの研究者は「満洲国」期の中国企業は衰退状況にあったと想定してきた。実際、中国資本が優勢であった紡織、化学（含油房業）、食料品等の工業分野では「満洲国」期に日本資本が優勢となり、金属や機械器具等では日本資本の大工場が急速に発展した。

しかし、風間秀人氏が1940年の「満洲国」工場統計データをもとに先駆的に明らかにしたように、金属、機械器具の分野においても1940年の段階で中国企業は増加していた。日用生活品の製造に関わる銑鉄鋳物生産の分野では戦時体制により消費財生産の縮小が強行される過程で日本資本の中小工場が後退を強いられ、その間隙を捉えて中国人中小資本が台頭した。軍需工業を支える機械鋳物生産や機械器具の分野においても中国資本は不足する下請け生産の新たな担い手として急速な成長を遂げていた（風間（2007）、13-4、17-21、24）。しかし、風間氏の研究を引き継ぎ、1940-50年代の実態について「満洲国」ならびに東北3省のレベルで検証を行った研究成果は見当たらない。また奉天（瀋陽）と哈爾浜に関しては、繊維工業、機械器具工業について、一部の中国人中小資本が経営実績を上げていたことが知られている（張（2013）、（2016）、（2017））。しかし、両都市以外の工業都市についてこの時期の中小企業の動向は知られていない。

ここでは中国東北の鞍山に展開していた金属工業と機械器具工業に検討対象を限定する。限定された地域と工業分野ではあるが、鞍山の金属、機械器具工業は中国東北の工業化を考える上で重要な意味を持つ。なぜなら①鞍山は東北では瀋陽に次ぐ工業都市であり、特に②金属、機械器具工業に関しては圧倒的な地位を有していたからである。張紅暁氏が作成した図1によれば、鞍山の工業生産額は

第 6 章 「満洲国」期の中国東北における中小金属企業、機械器具企業

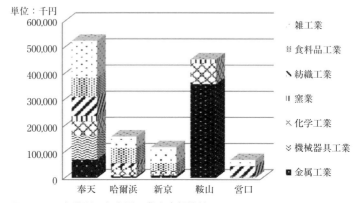

図 1　1940年満洲国都市別工業生産額比較
（資料）満洲国経済部公務司編（1940）
（注）張暁紅氏作成資料

1940年の段階で奉天のそれとともに他都市の水準を大きく越え、特に金属工業については他都市を圧倒する生産規模を誇っていた。

（2）1940年代の鞍山の中小企業

「満洲国」では日本法人（株式会社、合資会社、合名会社）、満洲国法人（同左）、法人登録を行わない個人会社が活動していた。鞍山に事業所を持つ企業は満洲国法人と個人企業で、満洲国法人企業の中には鞍山以外の都市で法人登録を行った企業も存在した。戦後の鞍山で行われた経済再建は、旧法人単位というよりは事業所単位あるいは立地条件を考慮して合併した複数企業の事業所の統合体として行われることが多かった。したがって、戦後を射程に含める場合には他都市で登録され鞍山で生産活動を行っていた企業を含めて

検討することが重要になるが、ここでの焦点は個人会社を中心とする中小企業である。

1940年代前半の在鞍企業については大連商工会議所編（1943）や満洲国経済部（1941）、そして鈴木編著（2007）が基本資料となる。ただし、これらの文献は個人会社を捕捉しておらず、合資会社、合名会社、株式会社についても遺漏がある。鞍山商工公會（1941）、同（1943）、南満洲鉄道株式会社鞍山地方事務所（1936?）、同（1938?）や、戦後になって中国側が公刊した鞍山人民政府地方志办公室（1994）、陳編著（2001）、鞍山市計劃委員会（1992）、鞍山砿山机械廠廠史編纂委員会編纂（1986）、鞍山市地方冶金工业志編纂領導小組編（1989）、鞍山市机械工业志編纂委員会編（1990）、鞍山市志史办公室編（1997）等の公的史書から会社データに関する記述を拾い集め、遺漏部分を補う必要がある。基本統計が得られない1945年8月以降の時期についても上記の文献に頼ることになる。

これらの資料に依拠して確認できる戦前期の金属、機械器具分野における在鞍企業は、株式会社41社（中国資本1社）、合資会社10社（同左1社）、合名会社2社（同左0社）、個人会社83社（同左72社：

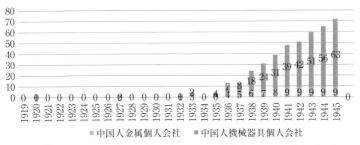

図2　金属、機械器具工業における在鞍中国人個人会社の設立動向（累積値）
（資料）大連商工会議所編（1943）845-847、鞍山商工會（1941）23-128、鞍山人民政府地方志办公室（1994）、鞍山市地方冶金工业志編纂委員会領導小組（1989）．

第 6 章 「満洲国」期の中国東北における中小金属企業、機械器具企業

うち金属 9 社、機械器具63社）である。個人会社については中国人資本が86.7％と大きな割合を占めていた（72/83）。

　図 2 は、金属と機械器具における個人会社の設立動向を暦年の累積値で示している。対象時期は1919年から1945年である。鞍山の金属、機械器具工業分野では1930年代後半になると中国人個人会社が台頭し、起業の動きは年間数社のペースでその後も1945年まで続いていた。表中には示されていないが、窯業など製鉄業に深く関連する工業分野においても同様の展開が見られた。多くの研究者が抱いてきた想定とは異なり、この分野に関しては、中国人中小企業は戦時期においても衰退しておらず、むしろ増勢にあった。

　図 3 は、断片的な記述資料を整理して1940年代から50年代前半における鞍山市内の中国人私営企業の存在を示したものである。中国人私営企業は1945年 8 月に激減したが、その後の新設については1945年 9 -12月の 8 社、1946年の13社、1947年の 5 社を確認することができる。国民党の統治期に開業した企業数は23社であったが、販路の不足と混乱の中で多くの企業は倒産した（鞍山市地方冶金工業志編纂委員会編（1989）、33）。このため1947年の段階では企業数は戦前の半数に達していなかったが、それでも1948年には戦前水準を回復し、共産党の統治下に入った1948年末から1949年にかけて、その数は急増した（鞍山人民政府地方史办公室編（1994）、26、119、419、鞍山市机械工業志編纂委員会編（1990）、 6 、鞍山市地方冶金工業志編纂委員会編（1989）、 9 ）。1950年に鞍山鋼鉄公司有限公司（鞍山鋼鉄公司）の再建が本格化すると同公司に対する部品や設備の供給が中小企業の復興を促進し、朝鮮戦争（1950年 6 月〜）の勃発に伴ってシャベル等の軍用品の需要が高まると、企業の復興は一層、加速した（陳編（2011）、159）。

3 松本の実証的な問題提起

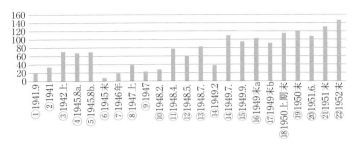

図3　鞍山金属加工業（含機械器具）における中国企業数の推移（1941年9月-52年末）

（資料）各年の数値の典拠は以下の通り。①1941年9月：鞍山商工会（1941）、②1941年：鞍山市機械工業志編纂委員会編（1990），39-40，③1942年上期：大連商工会議所編（1943）、鞍山商工公會（1943）、鞍山地方事務所（1935?）から集計，④1945年8月a：鞍山市機械工業志編纂委員会（1990），39-40，68社，⑤1945年8月b：鞍山市地方冶金工業志編纂領導小組（1989），31，70社：⑥1945年末：鞍山人民政府地方志办公室（1994），26、鞍山市地方冶金工業志編纂委員会（1989）8、鞍山市機械工業志編纂委員会編（1990），6、⑦1946年：鞍山市機械工業志編纂委員会編（1990），6、鞍山人民政府地方志办公室（1994），419，鞍山市地方冶金工業志編纂委員会（1989），8-9、⑧1947年上期：陳編著（2001），124，⑨1947年：鞍山市機械工業志編纂委員会編（1990），6、鞍山市地方冶金工業志編纂委員会（1989），8、⑩1948年2月：遼寧巻編纂委員会（1993），490，⑪1948年4月：鞍山人民政府地方志办公室（1994），29，陳編著（2001），158、鞍山市地方冶金工業志編纂委員会（1989），35，⑫1948年5月：陳編著（2001），40，⑬1948年7月：鞍山人民政府地方志办公室（1994），29，陳編著（2001），159，⑭1949年2月：鞍山人民政府地方志办公室（1994），29、⑮1949年9月：鞍山人民政府地方志办公室（1994），29，陳編著（2001），159，⑯1949年末a：鞍山人民政府地方志办公室（1994），29，⑰1949年末b：陳編著（2001），160，⑱1950年上：劉（1988），75，⑲1950年末：陳編著（2001），160，⑳1951年6月：遼寧巻編纂委員会（1993），490、㉑1951年末：陳編著（2001），160，㉒1952年末：陳編著（2001），160．

（注）1947年上期、1949年2月、1949年9月、1949年末aは生産回復企業数。

以上に見てきたように、鞍山では金属と機械器具という二つの工業分野において「満洲国」期、国民党支配期、共産党支配期（民間中小企業の支援）、共産党支配期（公私合営＋国営＝全人民所有）という全時期を通して、中小企業の勃興と台頭が続いていた。企業の新設と復興の動きは、ソ連軍が日系企業から施設を撤去していた1945年9-11月、国民党軍と八路軍が攻守を入れ替えながら中国東北の各地で激しい内戦を続けていた1946年3月～1948年10月においても

第6章 「満洲国」期の中国東北における中小金属企業、機械器具企業

展開されていたのである。諸企業は、「満洲国」期には植民地支配の間隙をつき、一部はその体制に入りこみ、ソ連軍、国民党、共産党の支配時期にはそれぞれの政治勢力に対応して生産活動を追求していた。その過程では前体制の企業を引き継いで企業が再興されることも多かった。

（3）体制を超えた継続性

体制を越えた継続性という問題についても触れておきたい。1940年代の企業については①旧日系企業、②中国人企業（日本支配期設立）、③中国人企業（ソ軍支配期・国民党期設立）、④中国人民間資本（共産党期設立）、⑤公営企業、⑥国営企業（共産党期設立）という6グループにわけることができる。

①は規模が大きく、主として株式形態で、（ⅰ）ソ連軍により接管され、国民党軍そして共産党軍により鞍山鋼鉄公司へと引き継がれた満洲製鉄鞍山本社（1944.4：昭和製鋼所1927.7、鞍山製鉄所1918.5）、日満鋼管（1935.6）、住金満洲（1934.9）、満洲ロール（1935.7）、鞍山鋼材（1934.7）、満洲鉄塔工業（1940.8）等々、（ⅱ）国民党軍により鞍山農具工廠（1946）へ統合され、共産党によって遼東省鞍山農具廠（1949.3）、鞍山机械廠（1950.10）、鞍山砿山機械廠（1966.1）へと引き継がれた沼田機械（1941.11）、大和鉄工所（1942.4）、片岡鉄工所（1937.6）、鞍振鋳鉄（1939.6）、徳増鉄工所鞍山工場（1940.1）、新進洋灰鞍山出張所（1935.2）、（ⅲ）共産党によって鞍山大和鉄工廠霊山分廠（1949.2）へ統合され、霊山農具廠（1949.5）、鞍山圧軋廠（1950.3）、霊山農具廠（1952.1）、机械二十二廠（1952.8）、霊山農業机械廠（1954.11）、鞍山紅旗施拉机制造廠（1958.7）へと

3 松本の実証的な問題提起

継承された満洲野田興農（1942.12）、満洲砿霊山分社（1934.5）、満洲シェアリング（1938.8）、満洲鉄工（1939.12）、大林組出張所（1940.3）、大陸特殊工業（1942.9）、井口洋行（鞍山製鋲、1935.5）等が挙げられる。再編と統合を経て出現した鞍山鋼鉄公司、鞍山砿山机械廠、鞍山紅旗施拉机制造廠は社会主義中国が推し進めた経済建設の中でそれぞれ重要な役割を果たしたが、本コメントの焦点からははずれており、紙幅の制約にも触れるので、ここでは立ち入らない（松本（2000）、鞍山砿山机械廠廠史編纂委員会編纂（1986）、鞍山市机械工業志編纂委員会編（1990））。

　表1は日本による支配時期からソ連軍支配期、国民党支配期を経て、中国共産党が推し進めた公私合営にいたるまでの各時期に、個別の企業がどのように名称を変え、画期の前後でどう対応していたかを判明した限りでまとめたものである。第1-a表は戦後の復興を経て、地方国営企業に再編された企業、第1-b表は公私合営化の段階を経た上で地方国営企業に再編された企業である。改変あるいは統合された企業の名称や数が捕捉できていない公私公私合営企業も残されている。この表からは、以下の4点を見て取ることができる。

（ⅰ）私営企業の復興と設立は、共産党の支配時期においても当初は進展を見ていた。共産党は民間企業の復興を積極的に支援した。表中にある信昌制鋲製鉄所は張文峰が1940年8月に設立した中国企業だが、1943年2月に詐欺にあって日本人に奪われ、合資会社となった。1945年8月に旧出資者の薛永福、呉隆昌、宋玉友等が工場を再建すると同社は手榴弾を製造して共産党の軍事活動を支援したが、翌年4月には国民党による鞍山の支配が始まり、共産党が鞍山

第6章 「満洲国」期の中国東北における中小金属企業、機械器具企業

表1-a 戦前戦後の鞍山中国企業関係一覧（公私合営化非経由）

	日本支配期 1918-45.8	ソ軍支配期 45.8-46.3	国民党統治期 46.4〜48.2	国有企業創設と民間育成48.2〜	公私合営化 52冬〜
復興⇒地方国有化	信昌制鋲鉄工所1940.8②合資会社信昌制鋲鉄工所①（日本人乗取）1943.2	信昌制鋲鉄工所1945.9①：八路軍へ手榴弾供給	国民党支配下の停産	信昌制鋲鉄工所1948.2④⇒鞍山鉄工廠1949.3⑥（信昌制鋲鉄工所有価接管）⇒1949.10、鞍山鉄工廠、徳増鉄工廠①を合併⇒鞍山機械廠1949.11⑥（鞍山機械一廠の一部吸収）、鞍山機械二廠1950.3（吸収康徳金属工場①）⇒鞍山機械廠1950.11⑥⇒鞍山機械一廠1956⑥Cf.抗美援朝の軍鍬制造	鞍山機械一廠1956⑥（機械二床の一部=後の内燃機廠を吸収）⇒鞍山軋鋼機械廠1958.8-65⑥（鋳鍛機械製造の総合企業化）。鞍山鋼球廠1958⑥の分立、鞍山市農具廠1958⑥の分立。鞍山市機床修理廠1965.10⑥の分立。
	信昌制鋲鉄工所1940.8②合資会社信昌制鋲鉄工所①（日本人乗取）1943.2	同和鉄工廠1946③Cf.信昌制鋲鉄工所の一部設備を利用。	同和鉄工廠1946③	立山水暖廠1949.7⑥（人民政府企業管理所有価接管。最初の国営企業。鞍山鉄工廠⑥傘下）。鞍山水暖廠1950.3⑥として鞍山鉄工廠から分	鞍山市機械二床1955.4⑥

3　松本の実証的な問題提起

1960年代	1970年代
鞍山砿山機械廠1966.1⑥ Cf.工場新設・分立：帯鋼廠1962⑥、機床修理廠1965、⑥鞍山勝利鋳鋼廠1966.1⑥（分立）、鞍山軸承廠1966.1⑥（分立）	鞍山第一機床廠1971.2⑥-⇒鞍山砿山機械廠1979.4⑥
鞍山鼓風機廠1958.8⑥⇒鞍山通用機械廠1958.12⑥ Cf.鞍山水暖器材廠1966.1⑥を分立。	鞍山第二機床廠1970.8⑥

を奪還する1948年2月まで生産の停止を余儀なくされた。このような企業は、むろん、共産党から支援を受けることになったが、それ以外の中小金属企業、機械器具企業についても共産党は再興に向けて支援を行った。支援は、1950年に「抗美援朝」が始まると軍用資材の増産に迫られて一層強まった（鞍山砿山机械廠廠史編纂委員会編纂（1986）、5、274-5、鞍山人民政府地方志办公室（1994）、28-9、419、陳編著（2001）、158-61、鞍山市計劃委員会編（1992）、681）[1]。

（ii）共産党は1950年代になると私営企業の公私合営化を実施した。復興や新設が進んでいた民間企業は1950年代前半から公私合営企業に再編されはじめ、多くの企業は1950年代後半に、一部の企業は1960年代前半に転換されて、すべての民間企業が全人民所有制（国営）へと移行した。

（iii）支配勢力の交替に際して各企業はその都度大きな打撃を被ったが、それでも異質な社会体制をまたいで企業は復興と再編を繰り返し、その過程では設備、人材が継承される

1）1940年代末から50年代初頭にかけて共産党は資金供給や商品発注を通して私営企業の復興を支援していた。上海については加島（2018）を参照。

第6章 「満洲国」期の中国東北における中小金属企業、機械器具企業

				出。鞍山化学廠合併1952⇒鞍山水暖器材廠1954.4⑥⇒鞍山市機械二床1955.4⑥	
				鞍山水暖廠1950.3⑥Cf.鞍山化学廠合併	鞍山水暖器材廠1954.4⑥⇒鞍山市機械二廠1955.4⑥
		民生鉄工廠1946③ 王増鉄工廠1946③ 勝発鉄工廠1946.10③	同和鉄工廠へ吸収 王増鉄工廠1946③ 勝発鉄工廠1946.10③	鞍山鉄工廠1949.11⑥	

表1-b 戦前戦後の鞍山中国企業関係一覧（公私合営化経由）

	日本支配期1918-45.8	ソ軍支配期45.8-46.3	国民党統治期46.4〜48.2	国有企業創設と民間育成48.2〜	公私合営化52冬〜
	曲鉄工廠1920②、大冶鉄工所1941②			建国鉄工廠1948?④	公私合営建華鉄工廠1952.11⑤：建国、曲鉄、大冶等10社併合⇒鞍山市機械二廠一分廠1956.3⑥
	東方鉄工所1939②、鞍大鉄工所1939②、天和鉄工所1940②、東興成鉄工所1940②				公私合営新民鉄工廠1956⑤：東方鉄工所1939②、鞍大鉄工所1939②、天和鉄工所1940②、東興成鉄工所1940②⇒鞍

3 松本の実証的な問題提起

鞍山水暖器材廠 1966.1⑥ ⇒鞍山市柴油機廠 1969.1	鞍山内燃機廠 1979.11⑥ Cf.1979.8に鞍山市汽車発動機廠の一部設備人員を吸収

1960年代	1970年代
鞍山鼓風機廠 1958.8⑥ ⇒鞍山通用機械廠 1958.12 ⑥⇒鞍山水暖器材廠1965	鞍山水暖器材廠1965⇒立山区機械廠 1968.7⇒立山区汽車修配廠 1970.8⇒鞍山市第二機床廠 1970.11⑥
鞍山軋鋼機械廠 1958⑥鞍山勝利鋳鋼廠 1965.8⑥（1966.1正式独立）⇒鞍山鋳鋼廠 1968.1	鞍山鋳鋼廠（鞍山軋輥廠1980.5⑥を分立）

こともあった。

（ⅳ）継承の過程は多様であった。在鞍企業は、既述のように、設立時期と所有の性格から6つのグループ、すなわち①旧日系企業、②中国人企業（日本支配期設立）、③中国人企業（ソ軍支配期・国民党支配期設立）、④中国人民間資本（共産党支配期設立）、⑤公私公営企業（共産党支配期設立）、⑥国営企業（共産党支配期設立）に分けられた。それぞれの会社の組織形態は数字の小さい方から大きい方向へと移行させられていったが、その推移は①から⑥の各段階を順番にたどったわけではなかった。各企業は起源となる時期が異なっており、特定の段階をスキップしたり、公私公営化をめぐっては継続期間の長短に差があるなど、移行の過程には違いが見られた。また企業によっては新たな支配勢力によって存続を断たれ、他企業に統合されることもあった。しかしながら、企業の編成は、多様な過程をとりながらも、最終的には⑥へと収斂した。

第6章 「満洲国」期の中国東北における中小金属企業、機械器具企業

					山市機械二廠二分廠1956.3⑥
復興⇒公私合営化経由⇒地方国有化	福順成1938②、明泰1939②⇒拡建工廠1940②、同豊1940②		宏昌鉄工廠1948③	宏昌鉄工廠1952④：	公私合営光華鉄工廠1956⑤：福順成1938②、明泰1939②、同豊1940②、華鞍?、日勝?、華泰、燒興、善信等10社合併
	恒発興鉄工廠1935.3②	興華鉄工廠1945③		正義鉄工廠1948?④。公私合営永華鉄工廠1952.11⑤：永恒鉄工廠、興華鉄工廠1945③、正義鉄工廠1948?④の合併。	公私合営永華鉄工廠1956：併合10工場、分立4カ所
	全勝1933②		鞍山建工鉄工廠1949?④：吉順、興工、建東、全勝を合併。	建東鉄工廠1950④⇒公私合営建工鉄工廠1955⑤：全勝1933②等9社を合併⇒公私合営鞍山橡胶機械廠1957⑤	公私合営鞍山建工閥門廠(バルブ)1958⑤
					公私合営新華鉄工廠⑥：11社合弁⇒公私合営新華機床廠台安県廠⑥1958.11(移転)
					公私合営建工鉄工廠1956：10企

3 松本の実証的な問題提起

光華施拉機廠1958.8⑥⇒光華農業機械廠1959.4⑥	鞍山農業機械廠1968⑥
公私合営永華電機廠1962.5⑤⇒公私合営永華電器修配廠1962.8⑤⇒公私合営永華儀表廠1964.3⑤	鞍山市電子儀表廠1967⑥⇒鞍山儀表廠1974.1⑥⇒鞍山市自動化儀表廠1979.6
鞍山市機械廠1966.5⑥	

（4）中小経営が持っているダイナミックスと経済発展

　最後に、中小経営が持っているダイナミックスと経済発展の関わりについてラフな見通しを提示してみたい。本コメントでは1940年代の中国中小企業を取り上げてきた。当該企業はその後も再編を繰り返し発展したが、再編された諸企業は、経営内容の面でも生産技術の面でも国際水準からは大きく立ち後れていった。1990年代になると市場競争を通して利益を追求する郷鎮企業が台頭し、20世紀に入ってからは「大衆資本主義」（丸川知雄（2013））とも称される、民間中小企業の大規模な展開が始まった。郷鎮企業も「大衆資本主義」も当初は政府機関から歓迎されず、取り締まりの対象となったので、各企業は行政による規制の間隙をついて生産活動を追求した。しかし、どちらの場合もやがて運営実績が認められ、政策的にも支援を受けて発展の速度を加速し、国際レベルでの巨大企業に育つ事例も生まれた。郷鎮企業や「大衆資本主義」が国営企業に取って代わり現代中国経済の中核を担うようになったとはいえないが、

第6章 「満洲国」期の中国東北における中小金属企業、機械器具企業

						業合併
	徳興盛鉄工廠1943②、東興弾簧鉄工廠1941②				徳興盛鉄工廠1943②の復興1948?、東興弾簧鉄工廠1941②の復興1948?、新和鉄工廠1948?④、大公衡器廠1948?④、和平造尺廠1948?④、玉隆熔接廠1948?④、公平制秤廠1948?④	公私合営東興鉄工廠1955.9⑤：徳興盛鉄工廠②、東興弾簧鉄工廠1941②等4社の合併⇒公私合営東興廠の拡張1956：新和、大公衡器廠、和平尺廠、玉隆溶接廠、公平制秤廠の吸収
						公私合営同明鉄工廠⑤
						公私合営義成鉄工廠⑤
						公私合営新中鉄工廠⑤⇒新中機械廠盤中県廠（移転）⑤1958.11
						公私合営大華鉄工廠（大華閘閥？）1956⑤⇒鞍山市機械二廠三分廠1956.3⑥

（資料）鞍山砿山机械廠廠史編纂委員会編纂(1986), 5-12, 274-9, 鞍山人民政府地方志办公室（1山市計劃委員会）(1992)、689、鞍山市地方冶金工業志編纂領導小組(1989), 9-11, 33-37, 鞍会(1990), 84-115.

（注）1．鞍山の支配勢力に視点を当てた時期区分。軍事的攻勢に注目すれば関東軍支配期、ソ連期、共産党軍攻勢期となる。
　　 2．①旧日系企業、②中国人企業（日本支配期設立）、③中国人企業（ソ軍支配期・国民党期（共産党期設立）、⑤公営企業、⑥国営企業（共産党期設立）。
　　 3．ソ軍支配期(45.8-46.2)、国民党支配期(45.6-47.2)には45年8社、46年13社、47年5社の

3 松本の実証的な問題提起

生産品の量と質、そして一部においては企業の資本規模においても国際的に注目される先進的な企業を生み出し、停滞していた中国経済に活性をもたらしたことは明らかである。

こうした動きと1940年代の一連の動きを考えると、中国の中小企業家（起業家）が体制からの圧力に対して持っている強い耐性や発展の可能性、民間中小企業の活動を許容し支援する柔軟な行政の必要性、そして企業活動に機会を与える市場の存在の重要性が見えてくる。

①経済は大企業による生産活動だけでは成り立たず、中小規模での経営には常に活動の余地がある。②意欲と資金と経験を持つ中小規模の経営者は、社会体制の移行や環境の変化に対応して事業の存続をはかり、新たな参入を追求する。③移行や変化の過程では挫折や淘汰を強いられる企業が出てくるが、一定部分は新たな体制、環境の中に定着し、一部は大規模化して当該の体制を支える。④中小経営を取り込んだ経済発展のダイナミックスを政策的に助長するかどうかは体制、地域によって濃淡があり、それによって当該地域の経済は大きな影響を受ける。

これが中国東北の鞍山における金属、鉄鋼企業の展開と４つの基調報告を関連づけたと

公私合営東興金属制品廠 1957.1⑤ ⇒公私合営鞍山東興鋼管廠 1958.7⑤ ⇒公私合営東興鋼材改制廠 1962.3⑤ ⇒公私合営東興鋼材加工廠 1964⑤ Cf.帯鋼(strip)の中型企業化	鞍山帯鋼廠 1966.11⑥

994), pp.29-3, 136、鞍山市機械工業志編纂委員軍支配期、国民党軍攻勢設立）、④中国人民間資本中国人民間企業が勃興。

第6章 「満洲国」期の中国東北における中小金属企業、機械器具企業

きに浮かんでくる、コメンターなりの粗い歴史像である。

参考文献

鞍山砿山机械廠廠史編纂委員会編纂（1986）、『1940-1985　鞍山砿山机械廠廠史』、当代中国的重型砿山機械工業編輯委員会、海城、1986年10月。池田拓司氏のご教示による。

鞍山市地方冶金工業志編纂領導小組編（1989）、『鞍山市地方冶金工業志』、北京、大地出版社、1989年2月。

鞍山市机械工業志編纂委員会編（1990）、『鞍山市機械工業志』、瀋陽、遼寧人民出版社、1990年10月。

鞍山市志史办公室編（陳昌総編輯）（1997）、『中国鞍山百科全書』、北京、人民出版社、1997年6月。

鞍山人民政府地方志办公室編（劉永琦主編）（1994）、『鞍山市誌　工業巻』、瀋陽、瀋陽出版社、1994年12月。

【南満洲鉄道株式会社】鞍山地方事務所（1936？）、『鞍山附属地沿革史　昭和九年三月末日現在』、1936年？。中国科学院図書館所蔵。東洋文庫にマイクロフィルム版が所蔵されている。池田拓司氏のご教示よる。

【南満洲鉄道株式会社】鞍山地方事務所（1938？）、『鞍山附属地経営沿革史』、1938年？。中国科学院図書館所蔵。東洋文庫にマイクロフィルム版が所蔵されている。池田拓司氏のご教示よる。

鞍山商工公會（1941）、『工業の鞍山』、鞍山、鞍山商工公會、1941（康徳8）年9月。

鞍山商工公會（1943）、『康徳九年拾月末現在　鞍山ニ於ケル會社概要』、鞍山、鞍山商工公會、1943（康徳10）年3月。

鞍山市計劃委員会編（王衍恩・康志剛・王澤生主編）（1992）、『鞍山国土資源』、瀋陽、遼寧人民出版社、1992年10月。

池田拓司編著（2012）、『鉄都鞍山・満洲終戦前後日誌　1945-1958年』、鉄都鞍山日誌　別巻Ⅰ、私家版、2012年5月27日。

風間秀人（2007）、「1930年代における「満洲国」の工業―土着資本と日本資本の動向―」（『アジア経済』XLVIII-12)、2007年12月。

加島潤（2018）、『社会主義体制下の上海経済―計画経済と公有化のインパクト』、東京大学出版会、2018年1月.

坂根嘉弘（2011）、『＜家と村＞日本伝統社会と経済発展』、農山漁村文化協会、2011年12月。

坂根嘉弘（2014）、「地主制の成立と農村社会」（大津透・桜井英治・藤井讓治・吉田裕・李成市編『岩波講座日本歴史第16巻　近現代2』、岩波書店、2014年6月。

鈴木邦夫編著（2007）、『満州企業史研究』、日本経済評論社、2007年3月。

大連商工会議所編（1943）、『満洲銀行會社年鑑　昭和拾七年版』、1943年3月（須永徳武監修、『「満洲」進出企業年鑑』第12-3巻、ゆまに書房、2008年4月、所収).

張暁紅（2013）、「「満洲国」期における奉天の工業化と中国資本―機械器具工業の分析を中心として」（柳沢遊・木村健二・浅田進史編著『日本帝国勢力圏の東アジア都市経済』第7章、慶應義塾大学出版会）、2013年10月。

張暁紅（2016）「「満洲国」の都市における民族資本の戦時と戦後―奉天市の機械器具工業を中心に」、『香川大学経済論叢』89(2)87-123、2016年9月

張暁紅（2017）、「1940年代初頭の奉天市における中国人工場の地域分布」（白木沢旭児編著『北東アジアにおける帝国と地域社会』第5章、北海道大学出版会、2017年3月。

中共鞍山市委統戦部（n.d.)、「鞍山市私営鉄工業発展変革的歴程」（遼寧巻編纂委員会（1993）所収).

陳正斌編著（2001）、『鞍山経済史』、北京、中国経済出版社、2001年12月。

松本俊郎（2000）、『「満洲国」から新中国へ―鞍山鉄鋼業からみた中国

東北の再編過程　1940〜1954―』名古屋大学出版会、2000年7月。
丸川知雄（2013）、『チャイニーズ・ドリーム―大衆資本主義が世界を変える』ちくま新書、2013年5月。
満洲国経済部工務司編（1940）、『満洲国工場統計(A)』1940年9月。
満洲国経済部（1941）、『康徳七年度　満洲國工場名簿』(1941年12月)。『旧外地「工場名簿」集成』、第11巻（不二出版、2011年9月）に復刻収録。
劉雲鶴（1988）、「戦后鞍山城市的恢復和建設―鞍山解放初期的政府工作」（中共鞍山市委党史資料征集委員会編『党史資料輯刊　記念鞍山解放40周年専輯』1988年2月、鞍山）。
劉景玉・智喜君主編（1994）、『鞍山城市史』、北京、社会科学文献出版社、1994年9月。
遼寧巻編纂委員会（于承徳主編）（1993）、『中国資本主義工商業的社会主義改造』、遼寧巻、北京、中共党史出版社、1993年1月。

＊本稿は基盤研究(C)(一般)「「満洲国」終盤の中国東北経済と戦後の復興過程における工場・企業体制の再編」（課題番号17K03841）の成果の一部である。

補論1 「日本型勤勉」に関する覚え書き
―司会コメントにかえて―

勝部　眞人

補論1 「日本型勤勉」に関する覚え書き

1　はじめに

　本シンポジウム討論において、日本の経済発展に関する特質主張に対して他地域の目から見れば「一国史観」ではないかとの疑念も出て多少議論されたが、これは筆者自身の課題とも感じている。どう解決できるのかについて明確な展望があるわけでもないが、ここでは、近代日本の経済発展を考えていくに際して、それを下支えしたであろう日本人の勤勉性という観点から、きわめてラフな見通しを考えてみたい。

　坂根嘉弘氏は、報告のなかでも触れられたように、男子単独相続による家の形成が"家の継承"という必要性から勤勉性を形成したとされる（坂根（2011））。確かに、家の永続のために家産を維持・拡大しようというモチベーションが勤勉の意識・姿勢を培ったというのはきわめて合理的な解釈であると思われる。ただ小農経営・家族のもとで形成された勤勉性が、工業化を含む経済発展のなかにおいても共通して見られると言えるのかというアポリアを克服していく必要があるだろう。

　そもそもその前に、農業の発展則と工業のそれとが論理的な関連を有すると言えるのかという問題も横たわっていると思われる。

2　農業の発展則と工業化

　かつて飯沼二郎氏が農業革命論を論じて「日本にも農業革命が

あった」と提唱したことは周知のことであるが（飯沼（1956）、（1985））、この議論の前提となったのが風土論であった。年間降水量と夏季降水量とによって地帯区分を行い、主に西ヨーロッパで資本集約的農業に労働集約的技術が取り入れられたことによって農業革命が進行したのと同様に、明治期の日本では労働集約的農業に労働粗放的（資本集約的）技術が取り入れられて農業革命がおこったとされた。

この後1970年代に速水融氏が近世日本における勤勉革命論を提唱したこともまた周知のことであり、その後の議論にも大きな影響を与えているが、西洋の産業革命に近世日本の勤勉革命を対比しうるかという点については疑問も呈されている（斎藤修（2004）、大島真理夫（2009））[1]。

農業の発展則と工業化を含む経済発展パターンを、どう論理的に関連づけられるのか。

大島真理夫氏は「土地と労働という本源的な要素の投入を基本とし、その希少性に応じて土地と労働を効率的に利用するための経済制度から、資本という二次的な（生産された）要素の本格的な登場と、付加価値の源泉としての資本の効率的な利用を可能にする経済制度への転換」ととらえ、それは「連続的な行程ではなく、断絶的な飛躍」であり経済革命なのだとされる（大島（2009））。

確かに資本が求める合理性は農業を規定する自然的風土から切り離されており、風土論的アプローチを行うことはきわめて難しい。

1）大島真理夫氏は、農産物と工業製品・サービスという「まったく異なった産出物の生産について、相互に要素投入比率（資本と労働）を比較することには、原理的な無理が含まれている」と指摘している（大島（2009））。

補論1 「日本型勤勉」に関する覚え書き

ただ、資本を扱うのも、あるいは労働に従事するのも「人」である。そこに社会文化論的なアプローチを加えていくことは、一定の有効性を持ちうるのではないかとも思われるのである。1990年代以降世界の急激なグローバル化によって、企業活動を含め経済のありようはかなり均一化されてきた。ドメスティックな論理はもはや通用しなくなり、世界標準に合わせていかなければ大企業といえども簡単に崩壊してしまう。そうしたなかにおいて、では各国経済・社会の姿もまた均一化しているかといえば、そうでもあるまい。たとえばサービス残業や過労死を招くような過重労働は、日本以外でほとんど聞くことはない。欧米の企業風土と日本のそれがかなり乖離しているというのも、しばしば耳にするところである。

企業・会社の経営者も、そこで働く労働者・従業員も、歴史的に形成された社会的風土のなかで育ち、その意識・行動様式によって経済活動を行う。ゆえに、農業社会の段階で形成された社会的風土が、工業化の段階においても重要な影響を与えたと考えることはそれほど無理があるとも思えない。もちろんその社会風土は固定的不変のものではなく、時代とともに変容していくから、その変化も考慮に入れる必要はあるのだが。

こうした観点から、日本で近世期に形成された勤勉という意識・精神が、工業化された社会においても一定程度継承されていくのではないか、それが近代日本の経済発展において機能したのではないかという見通しを持つのである。

ただ経済史の観点から提唱された「勤勉革命論」の枠内で考えると、先述のように、無理を生じてしまう恐れがある。

大島氏は、「追加的労働が、労働の限界性が最も高い部門に選択的に投入されたのであれば、その『勤勉』は費用対効果を冷静に見

2 農業の発展則と工業化

表1 関西紡績会社12社における男女職工数と1人当り平均皆勤賞授与数
   (1900年)

(単位 上2段:人、下2段:回)

会社	甲	乙	丙	丁	戊	庚	辛	壬	癸	子	丑	寅
男工数	517	622	180	718	260	653	160	225	610	700	90	300
女工数	1,372	988	620	1,741	720	2,004	692	975	3,009	1,911	810	1,200
男授与数	5.2	2.3	7.2	3.5	1.3	4.6	4.1	3.5	1.9	0.5	2.7	2.5
女授与数	5.7	3.4	7.7	2.5	1.1	7.3	5.0	1.9	2.0	0.5	0.8	2.1

(出典) 農商務省商工局「綿糸紡績職工事情」pp.114〜115
(注) 下2段「授与数」は、男女それぞれ「皆勤賞」人員を「男工数」「女工数」で除した値である。

通した経済合理的な行動」であるとし、文化論的説明は不要になると指摘している。ただそれを考慮しない全般的な勤勉性であれば「文化論的説明が有効かもしれない」とし、その場合でも、①近世・近代日本の農民の現実、②幕藩権力が求めた勤勉な農民像、③近世農書で推奨された合理的時間配分をともなう「勤勉」、④明治以後、特に昭和期に農本主義的国策として強調された「勤勉」、⑤労使一体的な会社・工場における勤勉観念などを考慮する必要があると指摘している(大島(2009))。

直接それには答えきれないが、ここでは周知の史料である明治36年農商務省商工局による「綿糸紡績職工事情」の記述をあげておきたい。

第6章「賞罰及ヒ監督」のなかで「紡績会社職工賞与金調」と題する表が掲げられており、1900年(明治33)における「関西十三紡績工場ニ就キ調査シタル」データとして、「皆勤賞」の項目があげられている。そのデータを表にまとめれば、表1のようになる。なおここでは男女別数値の判明しない一社(己)[2]を除いて、12社の

---

[2] その一社は、男女合計数で言えば職工数3,103人、皆勤賞延べ12,834人、1人当受賞4.1回となっている。

補論1　「日本型勤勉」に関する覚え書き

データを掲げている。

　男女職工数合計が1,000人に満たない規模の会社から3,000人超の規模まであり、平均授与数もまちまちであるが、年間1人当り平均授与数3〜5回（月数か）という数値はかなり高い割合で皆勤賞を得ていると言ってよいのではないか。皆が皆勤勉ではあり得ないであろうから、逆に全体としての底上げが予想されるものである。

　また第2章「労働時間、休憩時間及休日」のなかで、休憩時間についてつぎのように記されている。

> 食事時間（昼業部ニ在ツテ正午三十分トシ、夜業部ニ在ツテハ夜半三十分トス）三十分、及ヒ午前午後ニ十五分宛ヲ与フルヲ通例トス…（中略）…休憩時間ト雖モ機械ノ運転ヲ中止セサルカ故ニ、職工ノ全部カ同時ニ休憩ヲナスニ非ラスシテ、交代シテ休憩ヲナスナリ。故ニ賃業給ノ職工ニ在ツテハ、只管ラ労働工程ヲ多クシテ賃金ノ額ヲ増加スルコトヲ努ムルカ為ニ、彼等ノ食道兼控所ニ於テ徐ニ食堂〔ママ（食事ヵ）〕又ハ休憩ヲ為スモノ少ク、規定時間ノ半ニ達セサル

　つまり出来高によって給与が決まってくる「賃業給ノ職工」では、食事や休憩時間を惜しんで働いているというものである。

　ただ「工場管理ノ経験ヲ有セル者」の説として「我国職工、生活ノ不規律ナル、殆ント労働時間ト休憩時間トノ区別ヲ立テサル」という点も述べられている。つまり「労働時間中ハ全力ヲ委シテ労働ニ従事スルカ如キ」、すなわちオン・オフを明確に切り替える欧米の職工に比べて、「我国職工生活ノ不規律ナル」がゆえの行動と見なしているのである。欧米的な視線からすれば確かに「生活ノ不規

律」と映るかもしれないが、休憩時間中の労働によって賃金が増えるというインセンティブがあるのであれば、時間を惜しんで働くというのも当時の日本にあって勤勉とも捉えられるのではないだろうか。

トマス・スミス氏は、西洋においては、生活と仕事の区別のあいまいさ、遊びの余裕、自然のリズムに従った作業の感覚など前工業化時代の価値は「ピューリタニズムにも助けられた工場時間の強制とともに消滅した」が、日本では「労働者および経営者の双方にとって、時間は社会構造のなかに組み込まれていた」（傍点原文）ため労働時間をめぐる労使の紛争は起こらなかったと論じている（スミス（1995））。

おそらく勤勉の意識を構成する時間観念が、西洋と日本では異なっていたのであろう。その意味で、スミス氏が「相違の要因は時間観念…にはあまり関係せず、社会のなかにおける個人という存在についての異なった観念に関係しているように思える」と結んでいるのは、その意味できわめて示唆的なのである（同上）。個人と社会の関係・あり方が焦点となるのである。

3　社会類型と勤勉の形

問題は、近世以来の時間を惜しまない日本の勤勉のあり方を、個人と社会の関係性という観点から、世界の社会類型のなかでどう位置付けていくのかということである。ここでは社会学等の指摘などをもとに、いくつかの指標に分けて考えてみたい。

補論1 「日本型勤勉」に関する覚え書き

（1）タテ社会とヨコ社会

　かつて中根千枝氏が日本をタテ社会と分類し、アメリカの如きヨコ社会との見事な対比を析出してみせたのは周知のことである（中根（1967））。さらに、日本では集団のなかにさらに小集団が形成されそれが実際的な機能を持つのであるが、その最小単位は男子単独相続に基づく「家」にあるとした（中根（1978））。

　このように「家」のあり方とタテ社会は相関性を持つと考えてよいだろうが、中根氏は小集団の理想的サイズを5〜6人と想定し、「家」を取り巻くクミやトナリを含めて小規模さを補っていると考えられている。ただ坂根氏が指摘されているように、最小単位としての「家」は集落（20〜30戸レベル）など地縁社会（ムラ）と密接に関わっており（坂根（2011））、「家」とムラは不可分の関係にあったと考えるべきであろう。最小単位としての直系家族＝「家」のうえに小集団＝ムラが存在し、さらにその上位に行政村などの行政単位があったというように、諸集団が入れ子のように重層的に連なってタテ社会を形成したということであろう。

　その点、中根氏があげるインド・中国などの分割相続地域（中根（1978））や、ヨーロッパにおける核家族地域（絶対的核家族・平等主義核家族など、エマニュエル・トッド（1993））[3]では個人主義的傾向が

3）ヨーロッパでさかんに行われてきた歴史人口学・家族史研究の成果では、ケンブリッジ・グループの提唱以来「単独世帯・非家族世帯・単純家族世帯・拡大家族世帯・多核家族世帯」（ハメル・ラスレットモデル）というグルーピングが定着しているが、日本の直系家族をより明確に位置付けるため、日本の家族史研究では修正モデルが提唱され、

強く、ヨコ社会を形成したと考えられる。

もちろん宗族と呼ばれるネットワークを中心に一族の維持を図る中国の個人主義的傾向と、ヨーロッパ核家族地帯の個人主義は類型が異なるであろうし、利益に対する行動様式も同じではなかろう。ただ、日本のようなタテ社会が持つ集団主義的傾向や、個人よりも組織が優先される行動様式とは、やはり類型を異にすると考えられる。

では、ヨーロッパにも存在した直系家族地域はタテ社会なのか。これについては、現段階では判断する材料を把握できておらず保留せざるを得ない。

（2）インテグラル型発展パターンと
モジュラー型発展パターン

かつて経営学者の藤本隆宏氏が、「業種横断的な戦略論の現状分析」という視角から、基本設計思想（アーキテクチャ）を「組み合わせ型（モジュラー型）」と「擦り合わせ型（インテグラル型）」に分類することを提唱した（藤本（2004））。

パソコンや自転車など、部品のインターフェース（結合部分）が統一されていれば、さまざまなところで開発された部品によって一つの製品を完成させることができるというモジュラー型のアーキテクチャで、アメリカや韓国・中国が得意とする（相性のよい）パターンとの見通しを立てた。いっぽう、自動車や同じ二輪でもオー

「多核家族世帯」のサブクラスをより厳密化している（速水・岡田（2009））。もっともここではその分類を生かし切れておらず、今後の課題とせざるを得ない。

トバイなどは、タイヤ・サスペンション・ボディ・エンジンなど数多くの部品をきめ細かく調整して「トータルシステムとして」の乗り心地を実現するというインテグラル型のアーキテクチャで、日本やヨーロッパが得意とするパターンとされた。

　藤本氏は、このパターンができていったのは戦後の高度成長期としており、戦前社会との安易な接続は考えていない（同上第5章）。確かにもの造りの現場におけるアーキテクチャという観点からは安易な接続は難しいかもしれないが、企業風土ないし社会文化といった面から見れば、本節（1）で述べた点との関連を以て考え得るのではないか。

4　むすびにかえて

　以上のことをまとめて、とりあえず19世紀末〜20世紀前半期を想定して経済発展の類型をモデル化するならば、図のような形で仮説化できるのではなかろうか。

　ここで日本は③に位置するが、この発展パターンは他の類型では機能せず、したがって日本における勤勉のあり方も他では通用しないと言える。アメリカや西ヨーロッパなど①の類型では、個人主義的な形で時間のオン・オフを切り替える勤勉さが認められるだろう[4]。いっぽう②に位置する中国では、ネットワークを駆使した流

4）ピューリタニズムによる勤勉というウェーバー・テーゼも、社会的風土という文脈から考えると、改めて再検討されねばならないのではないか。

むすびにかえて

動的・機会主義的な利益追求の姿が見られ、勤勉とは別の価値基準で発展が模索されたのではないか。④が成立するかどうかは、今後の課題としたい。

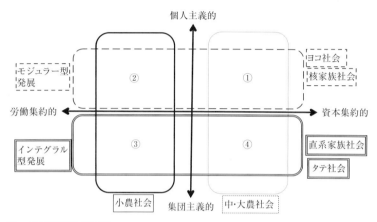

図　社会類型モデル図

参考文献
飯沼二郎（1956）、『農業革命論　近代社会の基盤』、創元社、創元歴史選書。
飯沼二郎（1985）、『農業革命の研究　近代農学の成立と破綻』、農山漁村文化協会。
エマニュエル・トッド［石崎晴己・東松秀雄訳］（1993）、『新ヨーロッパ大全Ⅱ』、藤原書店。
坂根嘉弘（2011）、『日本伝統社会と経済発展』、農文協。
トマス・スミス［大島真理夫訳］（1995）、『日本社会史における伝統と創造―工業化の内在的要因1750-1920―』、ミネルヴァ書房、第9章。
中根千枝（1967）、『タテ社会の人間関係：単一社会の理論』、講談社。
中根千枝（1978）、『タテ社会の力学』、講談社。

補論1 「日本型勤勉」に関する覚え書き

姫岡とし子（2008）、『ヨーロッパの家族史』山川出版社、世界史リブレット117。

藤本隆宏（2004）、『日本のもの造り哲学』、日本経済新聞出版社。

大島真理夫（2009）「序章」、大島編『土地稀少化と勤勉革命の比較史』、ミネルヴァ書房。

斎藤修（2004）、「勤勉革命論の実証的再検討」、『三田学会雑誌』、97(1)。

速水融・岡田あおい（2009）、「北部日本山村地帯の人口と世帯」、落合恵美子・小島宏・八木透編『歴史人口学と比較家族史』、早稲田大学出版部。

農商務省商工局（1903）、「綿糸紡績職工事情」（国会図書館デジタルライブラリーより）。

補論2　討論者・フロアからの質問に答えて

補論2　討論者・フロアからの質問に答えて

1　谷本雅之

　最初のコメンテーターの森良次氏（広島大学）から、報告では「在来的経済発展」の舞台が19世紀末の農村織物業の「問屋制家内工業」から戦間期の東京での分散型生産組織に移行しているが、戦間期に農村織物業が工場化を伴う発展を示すこともこれまでの研究で指摘されている。この農村部における「工場制工業化」を「在来的経済発展」の議論ではどうとらえるのか、との主旨のコメントがあった。次の松本俊郎氏（放送大学岡山学習センター）によるコメントでも、綿織物業と都市雑貨工業では、労働力の面で女性労働と男性労働の相違があり、報告の強調する労働側の「意識（＝ライフコースの見通し）」は同一ではない。したがって、それぞれの時期の複層性を示す産業として括ることは可能であるとしても、この二つの複層性は、相互に関係性を持たないまま現れていたようにも見受けられる、との指摘がなされた。

　ともに、本報告が「在来的経済発展」の展開を例証する事例として、立地が異なり産業としても異質な面のある二つの産業を継起的に取り上げたことに対し、その有効性を問題としている。フロアからの、都市小経営の世代的継承が農家と比肩できるかとの疑問（富永憲生氏・広島市立大学名誉教授）、東京における近代的要素の展開をどう見るかとの指摘（村山聡氏・香川大学）も、小農・農村を基盤とする議論を、非農業部門にどの程度拡張し得るかを問うものであったと思われる。

　この点について、報告者は以下のように考えている。農村綿織物

業の明治期の発展は、分散型生産組織の一種である問屋制家内工業によって担われている面が大きく、その基盤には農家経営の存続・維持を所与の目的とし、そのために家族労働力の戦略的な配分を行う小農経営の行動様式があった。それが非農・自営業就業—都市小経営—の形で大戦間期の大都市部に受け継がれ、雑貨工業等の輸出を伸長させる基盤となる。自営での事業経営を中核とし、家族労働の戦略的配分を行う点で、労働供給のユニットとそこに内包される論理は通底しており、非農業就業の主たる担い手の変化—織物業の女性から都市小経営の男性へ—は、ジェンダーに刻印された家族構成員内での役割の差異（主業は男性、副業は女性など）として理解できる。徒弟の存在も、男性家族員に準ずる、将来の小経営主予備軍として位置づけられよう。

このように、「近代性」を象徴し、農業・農村的要素から完全に離脱したかのように見える大都市部においても、「在来的経済発展」の論理が継承されていたことは、「複層的発展」論の射程が、本格的な工業化と産業構造の変容の時期にも及ぶ端的な例証と考えられる。報告者があえて大都市に着目した所以も、この点を明示するためであった。

ただしそのことは、農村部を含む地方に立地し、問屋制家内工業から中小工場へとその生産形態を転換させていく産地型の産業発展を、後景に退かせることとなる。農村部での「居付きの工業化」論に立脚した前述の森氏のコメント、また戦後の経済成長における地場産業・地域産業の役割を見据え、それと在来的経済発展論との関連を問うたフロアからの張楓氏（福山大学）の質問は、この点を衝いたものであった。実際、明治末から戦間期にかけての力織機化と工場制への転換は、産地織物業史研究が明らかにしてきた事実であ

補論2　討論者・フロアからの質問に答えて

る。

　しかしそこでの産地の産業発展の方向を、遅ればせながらの工場制成立を軸に論ずることは、労働供給の論理に立脚した上述の複層的発展論との距離を開くことになる。中小工場の簇生としての側面に着目しつつ、資本と労働の調達の場として立地論・地域論を組み込むことが、産地型の産業発展を複層的発展の視点から位置づける上で求められていると考えるが、この点の具体的な検討は今後の課題として残されている。

　松本氏の2番目のコメントでは、本報告の主張する「複層的発展」を日本に「固有」なものとして捉えるべきかどうかが問われた。その背景には、単独相続慣行等に着目して日本のアジアの中での独自性を強調する坂根報告と、小経営に依拠した産業発展の韓国・台湾との共通性を指摘する堀報告との対比がある。関連して、全体討論の中でも、日本の史実のみを対象として議論を組み立てている点を、「一国主義的」とみなすべきかどうかの議論があった。

　報告者が「複層的発展」に着目する背景には、大きく分けて2つの関心がある。

　第1は、工業化の先発国イギリスを典型に置く単線的な発展段階論的理解から距離を置き、日本の経済発展のプロセスを、相対的に独自の発展パターンとして理解することである。ただしそのパターンは、経済発展の一つの類型として定置されるべきものであり、解明すべきなのは、そのパターンを成り立たせるメカニズムである。個々の社会の固有性—たとえば日本型小農経営の存在—は、そのメカニズムとの関係で位置づけられる一要素として理解されるべきものであり、「固有性」自体は主要な問題とはならない。日本の史実に対象が絞られているのも、経済発展のメカニズムの立ち入った検

討を行うためであり、その点で比較史的にも開かれたアプローチであると考えている。

それに対して第2の関心は、複層的発展によって形成される日本の経済社会の在り方そのものである。経済発展の類型的な把握を重視する背後には、経済成長は必ずしも経済社会を同一の方向へと収斂させるわけではないとの想定がある。では日本の経済発展を特徴づける複層的発展は、経済発展のプロセスの中でどのような経済社会を産み出したのか。そしてその特徴は、日本の近現代史の歩みにどのように関わってくることになるのか。それは日本の経済社会そのものに関心を向けるという意味で一国主義的なアプローチとも言いうるものであろう。日本の在り方の固有性如何も、そこでは主要な論点の一つとなってくる。

この第2の関心は、松本氏の最後のコメントにも関係してくる。報告では1990年代以降の日本について、経済発展の複層性が減少へ向かった時期と捉える見方を示した。松本氏はコメントの中で、複層的発展の衰退がなぜ生じたのかを問うている。

この問い自体への解答は、今後の検討課題とせざるを得ないが、そもそも筆者がこのような変化に着目した背景には、1990年代以降顕在化する現代日本社会の不具合が、複層的発展の衰退と関連しているのではないか、との仮説があった。近現代日本の経済社会の特質形成に複層的発展が寄与していたとするならば、そこでの人々の経済生活、ライフコースの展望、そしてそれを支える政治的・社会的な仕組みも、それに整合的な形で培かわれてきた可能性があろう。その基盤の喪失は、経済社会に様々な機能不全をもたらすことになったのではないか。変化がもたらす経済社会への影響を考察する上でも、複層的発展が日本の経済社会に与えた刻印の内実を探るこ

補論2　討論者・フロアからの質問に答えて

とは、意味ある作業であると考えている。

2　髙槻泰郎

　討論者の森良次氏より、ヨーロッパでは、資本主義の確立に先行する時代に重商主義政策、「啓蒙絶対主義」が展開し、賃労働者の創出以外にも産業の発展に寄与したと考えられており、産業革命を重商主義期の延長上に位置づけて連続的に捉える発想が一般的であるとのコメントが寄せられた。日本経済史・金融史では、明治以降の工業化を支えた金融と、近世の金融とは別個に捉えられる傾向が強かったが、石井寛治氏や小林延人氏の仕事に代表されるように、近年ようやく資本が連続していた面が実証的に解明されつつあること、しかし技術的な面（関係的融資など）は、少なくとも加島屋久右衛門（→加島銀行）を見る限り、断絶していると回答した。

　また、同氏より大名貸債権を江戸幕府が積極的には保護しなかった点について、明治以降との関連を問う質問もなされた。これについて、明治以降はいわゆる近代的な財産権が成立し、当該国家の主権が及ぶ範囲で、例外なく国民の財産権が保障される状態が達成されたこと、しかしそれにもかかわらず、日本の金融市場においては、銀行と企業による関係的融資慣行が根強く残存したことを回答した。つまり、江戸時代における関係的融資慣行は、江戸幕府による債権保護の欠如、という条件の下に形成されたものであるが、近代的司法の成立後もそれが存続した（加久の例が示す通り、系譜的な連続性は持たないが）ということは、関係的融資慣行それ自体に経済合理性があることを意味しており、今後の実態解明が求められると回答

した。

　同じく討論者の松本俊郎氏より、近世日本における非農業生産力の推計を進める必要があることは分かったが、その具体的な展望はあるのか、との質問を受けた。これについては、近世史研究者による新たな事例発掘および、これまで存在は知られていながら光が当てられてこなかった事例の再発見を待つという受け身の展望と、近江商人など、地方市場に出店した商人の売上高の推移を確認することで、時間消費的ではあるが、地方経済の購買力の上昇を把握することができるという積極的な展望を示した。

　フロアの高島正憲氏（東京大学PD（当時））から、大坂金融商人の成長が、大名経済の成長によってもたらされた可能性と、両者の分配の変化によってもたらされた可能性の二つがあり得るとのコメントを受けた。その場では、その可能性も考慮した形で議論を再構築する必要があると述べるにとどめたが、本書に収録した拙稿において、この点を加味した叙述を行っている。

3　坂根嘉弘

　最初に張楓氏から本シンポジウムの趣旨が明確でないという質問があったので、本シンポの組織者として、この点にお答えしておきたい。このシンポは、各報告者のこれまでの研究成果を前提に、「日本の経済発展をどうとらえるか」というテーマに即して報告していただくというのが趣旨である。その際、報告の対象領域を出来るだけ重ならないように各分野から、かつ対象時期も全体として前近代から現代を見通した戦後まで、という形で組んだつもりである。

補論2　討論者・フロアからの質問に答えて

　各報告者は対象分野も対象時期も問題関心も分析手法も最終的な歴史像も、それぞれに異なるので、そこのところを何らかの形でまとめるということはまったく意図していない。ただ、報告者のそれぞれの主張がどのように違い、どのように位置づくかは、各報告や討論で明確になればありがたい、という思いは抱いていた。

　コメントは、西洋経済史から森良次氏、日本経済史・東アジア経済史から松本俊郎氏にお願いした。事前に4人の報告者の多くの関係論文・著書を読んでいただき、おそらく報告者以上に準備に時間をかけていただいたと思われる。この点、最初にお礼を申し上げねばならない。

　森氏から頂いたコメントは、西南ドイツの分割相続地帯では、均分相続と共有地利用により零細の農工複合経営が成立する、さらに農村に工場が立地することで零細農業と工場労働の結合という工業化過程が存在するが、この工業化と坂根が示した分割相続のマイナス面との整合性を問うている。分割相続に起因する農工結合により、分割相続が産業化を促進した側面があるのではないのか、という論点である。工業化の議論は、技術、市場、生産要素のあり様を前提に如何なる生産組織を選択するのかという谷本報告に関することになるのでそちらに譲ることにして、坂根報告での問題関心の一つは、「家」制度や「村」社会に象徴される濃密な社会関係が、増産誘因と取引の安定をもたらし、経済主体の自己抑制的な行動を促し、非対称情報による取引コストを減じる役割を果たしたのではないかというところにある。いわば、制度の方に視点をおいている。

　もともと報告者が相続や村の有り様を起点にした議論を組み立てたのは、アジア社会を対象にしていた。それはヨーロッパを含め、全世界を対象にするにはとても手に余ると思われたからである。こ

の点に関して、ヨーロッパにおいて噛み合った議論をするには、報告者のヨーロッパ理解が不十分である。

　松本氏からは2点のコメントをいただいている。第1は、農業が殖産を支援する関係はいつの時代を想定しているのか、という点である。農業が殖産を支援する関係という点を農業で生み出された富が、主に財政を通じて殖産興業資金に回ったという意味に解するなら、主には明治期ということになる。第2は、農業生産力の発展にとって、地主制の存在が技術改良よりも大きな意味を持っていたと言えるのか、という点である。これについては、地主制が農業生産力発展を阻害したというような講座派的な議論とは正反対の立場であることは言うまでもないが、農業技術普及における地主の役割は国家が農事試験場や農会組織で技術普及に本格的に乗り出すまでは非常に大きかったと考えている。これに関連して、本報告の意図を敷衍しておくと、生産力発展に及ぼす影響を、技術と制度（技術以外の諸制約）からみるとすれば、従来の経済史は技術に重点を置いてきたが、本報告では制度の側面も重視すべきであろうことを述べたいと思っている。

　馬場哲氏（東京大学）から、戦間期における「村」社会に変化があるのではないか、それを立論に組み込む必要があるのでは、という質問を受けた。報告者の立論では、「村」社会の基本的な機能についてはほとんど変化がないことを前提にしている。この点については、報告者の「村」社会や信頼関係が超歴史的であるという批判は、他の研究者の方からすでにいただいている。もともとアジアにおける日本という視点から出発したので、日本と他地域との相違がメインになっている。このあたりは、今後の課題とさせていただきたい。

張楓氏から、報告者がよく引用する民国期中国についての村松祐次氏や柏祐賢氏の議論は経済発展の多様性を論じたものと考えている。たとえば、華北地区在来産業をみると、そこでは取引コストを削減する幾つかの方法が生み出されている。報告者のいう分割相続による取引費用高騰論は一面的ではないのか、という質問を受けた。これについては、分割相続地帯だから最後まで取引費用が高騰するということを主張するつもりはない。当然に、それぞれの地域でその欠陥をカバーする制度や仕組みが生み出されてくる。今後、分割相続のマイナスをカバーするそれらの仕組みを分析していくことは重要だと思う。ただ、民国期中国について言いたいのは、中央・地方政府のキャパシティーが小さい中で初期の経済発展を遂げるというときに社会関係（制度）が大きな意味を持つことになるが、民国期中国ではそのような社会関係が弱かったのではないのか、ということである。

4　堀和生

私の報告については、森良次氏と松本俊郎氏からのコメント、フロアの張楓氏と馬場哲氏から質問があった。また、他の報告にも関連する点があったので、それらを3つにまとめて、返答と補足説明を行う。

第1は、東アジアをまとめて小経営社会と見なすこと、その農業発展の比較にかかわる論点である（松本氏、馬場氏、坂根報告）。報告者は、世界的な比較によって東アジア地域を小経営社会と捉え、日本・台湾・朝鮮の農業と農民のあり方の相違は、その小経営社会と

いう類型中における小さな違いとみる。

 20世紀前半南米は農産物輸出地域であったが、小農制は脆弱で（農業の自営業率はアルゼンチン4割台、ブラジルで6割）、GDPのなかにおける農業の比率は小さい（1935-39年アルゼンチン24％、ブラジル23％）。インドやナイジェリアは農業人口やGDP中における農業比率は高いが、20世紀前半に東アジアのような近代工業の勃興はみられなかった。朝鮮と台湾は分割相続の社会であったが、報告のように農業経営の零細化は進んでいない。台湾では1930年代水田面積が60％増加し、朝鮮では日本に72万人、満洲に74万人の人口が流出して農業従業者数が急減した。これらは、農民経営の過分割を防ぐ役割を果たしたと思われる。両地域とも耕地は分割相続で所有権は細分化されていたが、日本のようなイエや村がない社会であっても、農業経営の安定をはかる社会のシステムは存在していた。

 第2は、戦前朝鮮・台湾の農業と工業の発展については、日本政府の主導や日本資金の投入という要素があるのではないか、という問いである（松本氏と張氏）。そもそも近代産業の発展に政府が全く関与しないことは稀であろうが、植民地である両地域では農業生産の増加と商品化の推進に、日本政府はきわめて積極的に介入した。両地域における米と砂糖の増産と内地への搬出は、産業政策の最重要課題であった。零細中小工業については、日本政府が特に育成したとはいえないが、鉱業や大電源の開発、植民地開発のインフラ整備等によって、零細中小工業が広範に勃興した。日本の財政資金や内地金融資金の植民地投入も、以上の過程を促進した。両地域は、事実上日本の「国民経済」に組み込まれていたので、それは「辺境」開発の一環として強力に行われた。

 報告者の強調点は、両地域の内地市場への包摂が強まる中で、衰

補論2　討論者・フロアからの質問に答えて

退する在来産業（台湾の在来糖業や朝鮮の手工業・家内工業）もあったが、先述の小農の発展のみならず、朝鮮人・台湾人経営による商工業が勃興したことである。それは、日本政府の関与、日本市場との結合も重要な要素であったが、小農と零細小経営者が近代化に対応して経営能力を高めたので生じた事態であるといえる。1945年に日本人と日本資本が退去した後、多くの困難はあったが、植民地期に獲得された多様な経営力量の多くは、失われることなく受け継がれた。

　第3は、工業の発展と零細企業勃興との関係（松本氏）、非農業零細中小経営の発展を可能にした条件（森氏）等が問われたが、これは台湾や朝鮮・韓国の事例にとどまらず、日本経済史で「在来産業」への注目が始まって以来の理論的テーマである。近代製造業の発展は工場制の成立に帰結するものではなく、問屋制家内工業や分散型の多様な生産組織が存続発展する固有の論理を持つとして、その「もう一つの工業化」、「複層的発展」を提起したのが谷本説である。

　報告者の提起は、それを人口稠密な小農社会が工業化する過程の発展類型、として拡張することである。台湾と朝鮮は戦前に日本の「国民経済」に組み込まれていたが、戦後に独立して国民経済を形成したので、その工業化の過程は複雑である。しかし、長い時間的スパンで見れば、日本と同様に自営業と零細中小経営が近代的な大経営と並存し、零細中小経営はさらに増加を続けた。とくに、台湾と韓国で工業化が進み賃金が上昇した1970年代以降に、零細中小経営体とその従業者数が絶対数・比率ともに増加していることが重要である。これは工業発展が未熟な段階であるとか労働力が過剰であるからだ、とかで説明できるものではない。当該社会の多くの産業

部門で、生産要素や市場的条件の組み合わせにより、零細中小の経営組織が選択され定着していることを意味している。国内市場向け消費財の生産のみならず、先進国向け高付加価値商品の生産部門においても、中小零細の比率は高い。これは、労働力が相対的に豊富な東アジア社会において、社会インフラストラクチャーが整えられ教育が普及してくると、集積した零細中小経営が充分に国際的競争力を持つようになることを示している。

このように生産要素の組み合わせによって、適合的な生産組織が決まるという考え方を敷衍すれば、小経営社会を基礎にする工業発展とは、必ずしも東アジアのみに限定されることはないと思われる。例えば、前近代において農業生産や小農の経営力が弱く小経営社会ではなかった地域でも、社会インフラや教育の普及、適合的な新技術の導入等によって、小資本による零細中小経営が広範に生まれる可能性がでてくる。それは、近代的な大規模経営とは別に、新たに小経営が多様な産業基盤を創り出すことである。そして、1990年代以降の東南アジアの一部地域やインドにおいては、まさにそのような新しい事態が進行しつつある。「複線的発展論」(中村哲)「複層的発展論」(谷本)は、このような世界的な発展類型としてさらに洗練する必要があるのではないか。日本の経済発展は孤立したものではなく、20世紀後半以後のアジア発展の先駆と捉えられると思われる。

あとがき

森　良次

　「はじめに」に記されているように、本書は、2018年12月9日に広島大学（東千田キャンパス）で開催された社会経済史学会中国四国部会大会シンポジウム「日本の経済発展をどうとらえるか」の記録である。

　社会経済史学会中国四国部会では、毎年、自由論題報告のほかに、部会独自に大会シンポジウムを企画、開催しており、「変革期の岡山」（2017年、岡山大学）、「捕鯨の社会経済史─比較史的視座から─」（2016年、山口大学）、「中四国のエネルギー問題─歴史と現状─」（2015年、香川大学）など、全国学会に属さない地域史研究者も積極的に関わって、地域部会ならではのテーマで研究集会を行っている。

　2018年の大会シンポジウムでは、日本の社会経済史研究の到達点の一つを部会大会において会員が確認、共有すべく、中国四国部会員のほかにも、神戸、東京、京都から3名の研究者（高槻泰郎氏、谷本雅之氏、堀和生氏）に報告に加わっていただき、討議を行った。本シンポジウムは、統一的な歴史解釈の提示を意図したものでないとはいえ、主として近世経済と近代のそれを歴史連続的にとらえる視点、日本・東アジアの経済発展に小経営がいかなる役割を果たしたかという視点から、それぞれに経済発展に関する歴史的な見方を示すものとなっており、これが本書の特徴にもなっている。大会シンポジウムでの報告および本書執筆に加わっていただいた、高槻泰

郎氏、谷本雅之氏、堀和生氏に御礼申し上げる。

　大会シンポジウムを企画、組織され、また本書出版に至る一連のとりまとめ、実務作業を担われたのは、坂根嘉弘氏である。「日本の経済発展をどうとらえるか」という百人百様の歴史解釈もありうるテーマでありながら、その実、中国四国部会員の研究分野をも考慮し、これを活かす形でまとまりある内容のシンポジウムを開催できたことは、大会の開催責任者として、また一執筆者として大変有難いことであった。坂根嘉弘氏は日本の小農経営・相続制度、松本俊郎氏は日本帝国史（満洲経済史）、森良次はドイツ中間層政策史をそれぞれ研究テーマにしており、これらの研究は高槻泰郎氏、谷本雅之氏、堀和生氏の研究と隣接する領域であるか、あるいは何らかの問題関心を共有している。本書を手に取っていただき、各章執筆者の立場の違いとともに、歴史理解として何が共有されているかについても知っていただけると、幸いである。

　最後に、清文堂出版には、本シンポジウムの成果を学生や一般読者にも提供すべく本書の出版を引き受けていただいた。また本書を担当された松田良弘さんには、校正の際には大変に的確な指摘をいただいた。記して御礼を申し上げる次第である。

■執筆者紹介（掲載順）

坂根　嘉弘（さかね　よしひろ）
編者紹介参照

谷本　雅之（たにもと　まさゆき）
1959年生　東京大学大学院経済学研究科教授
〈主要編著書〉
『日本における在来的経済発展と織物業―市場形成と家族経済』
（名古屋大学出版会、1998年）
『日本経済史―近世から現代まで』（沢井実氏と共著、有斐閣、2016年）
Public Goods Provision in the Early Modern Economy : Comparative Perspectives from Japan, China and Europe（R.Bin Wong氏と共編著、University of California Press, 2019）

高槻　泰郎（たかつき　やすお）
1979年生　神戸大学経済経営研究所准教授
〈主著・論文〉
『近世米市場の形成と展開―幕府司法と堂島米会所の発展―』
（名古屋大学出版会、2012年）
「幕藩領主と大坂金融市場」（『歴史学研究』第898号、2012年、91-107頁）
「近世中後期大坂金融市場における「館入」商人の機能」
（『日本史研究』第619号、2014年、91-107頁）

堀　　和生（ほり　かずお）
1951年生　京都大学名誉教授
〈主著・論文〉
『朝鮮工業化の史的分析―日本資本主義と植民地経済』
（有斐閣、1995年）
『東アジア資本主義史論―形成・構造・展開―』第1巻
（ミネルヴァ書房、2009年）
「東アジアにおける資本主義の形成―日本帝国の歴史的性格―」
（『社会経済史学』第76巻第3号、2010年、353-377頁）

森　良次（もり　りょうじ）
編者紹介参照

松本　俊郎（まつもと　としろう）
1952年生　放送大学岡山学習センター所長
〈主著・論文〉
『「満洲国」から新中国へ―満洲鉄鋼業から見た中国東北の再編過程、1940～1950年―』
（名古屋大学出版会、2000年）
「台湾・韓国経済の長期的動向分析―1903-1983年」
（『社会経済史学』第55巻第3号、1989年9月、72-95頁）
Continuity and Discontinuity from the 1930s to the 1950s in northeast China : The 'Miraculous' Rehabilitation of the Anshan Iron & Steel Company immediately after the Chinese Civil War, Shigeru Akita & Nicholas White ed., *The International Order of Asia in the 1930s and 1950s*, Part2, article 10, Fahnham(UK) & Burlington(USA), Ashgate Publishing Ltd., pp255-273, Jan. 2010

勝部　眞人（かつべ　まこと）
1953年生　広島大学名誉教授
〈主要編著書〉
『明治農政と技術革新』（吉川弘文館、2002年）
『近代東アジア社会における外来と在来』（清文堂出版、2011年）
『広島市被爆七〇年史』（広島市、2018年）

〔編者紹介〕

坂根　嘉弘（さかね　よしひろ）
1956年生　広島修道大学商学部教授
〈主要編著書〉
『軍港都市史研究Ⅰ　舞鶴編』（清文堂出版、2010年〈2018年、増補版刊行〉）
『〈家と村〉日本伝統社会と経済発展』（農山漁村文化協会、2011年）
『日本戦時農地政策の研究』（清文堂出版、2012年）
『地域のなかの軍隊5　中国・四国』（吉川弘文館、2014年）
『軍港都市史研究Ⅵ　要港部編』（清文堂出版、2016年）

森　　良次（もり　りょうじ）
1968年生　広島大学大学院社会科学研究科教授
〈主　　著〉
『19世紀ドイツの地域産業振興―近代化のなかのビュルテンベルク小営業』
（京都大学学術出版会、2013年）

日本の経済発展をどうとらえるか
2019年10月7日　初版発行
編　者　坂根嘉弘・森　良次
発行者　前田博雄
発行所　清文堂出版株式会社
　　　　〒542-0082　大阪市中央区島之内2-8-5
　　　　電話06-6211-6265　FAX06-6211-6492
　　　　http://www.seibundo-pb.co.jp
　　　　メール：seibundo@triton.ocn.ne.jp
　　　　印刷・製本：西濃印刷株式会社
　　　　ISBN978-4-7924-1448-1　C0021